Janela lateral do prédio da Secretaria
da Justiça, na Rua Roberto Simonsen.

# MEU VELHO CENTRO

# ·PAULICEIA·

*Coordenação* Emir Sader

A imagem de São Paulo se modifica conforme as lentes que utilizamos. O sonhado e o real, o desejado e o rejeitado, o vivido e o simbolizado, o cantado e o pintado, o desvairado e o cotidiano – múltiplas facetas de uma cidade-país – são retratados nesta coleção. São quatro séries, que buscam montar um painel das infinitas visões paulistas: Retratos (perfis de personalidades que nasceram, viveram ou eternizaram suas obras em São Paulo), Memória (eventos políticos, sociais e culturais que tiveram importância no estado ou na capital), Letras (resgate de obras – sobretudo de ficção – de temática paulista, há muito esgotadas ou nunca publicadas em livro) e Trilhas (histórias dos bairros da capital ou de regiões do estado).

Para tanto, foram selecionados autores, fenômenos e espaços que permitam a nosso olhar atravessar o extenso caleidoscópio humano desta terra e tentar compreender, em sua rica diversidade e em toda sua teia de contradições, os mil tons e subtons da Pauliceia.

HERÓDOTO BARBEIRO

# MEU VELHO CENTRO

*histórias do coração de São Paulo*

Fotografias
Ricardo Hara

Prefácio
Mílton Jung

© do texto, Heródoto Barbeiro
© das fotografias, Ricardo Hara
© Boitempo Editorial, 2007

·PAULICEIA·

## MEU VELHO CENTRO
*histórias do coração de São Paulo*

*Coordenação editorial*
Ivana Jinkings

*Editores adjuntos*
Ana Paula Castellani e João Alexandre Peschanski

*Assistente editorial*
Vivian Miwa Matsushita

*Preparação de texto*
Jadyr Pavão Junior e Mariana Echalar

*Revisão*
Renata Assumpção

*Capa*
Antonio Kehl
sobre projeto de Andrei Polessi e foto de Ricardo Hara

*Diagramação e tratamento de imagens*
Veridiana Magalhães

*Produção*
Marcel Iha

CIP-BRASIL. CATALOGAÇÃO-NA-FONTE
SINDICATO NACIONAL DOS EDITORES DE LIVROS, RJ

B187m

Barbeiro, Heródoto, 1946-
Meu velho centro: histórias do coração de São Paulo / Heródoto Barbeiro ;
fotografias Ricardo Hara ; prefácio Milton Jung. - 1.ed. rev. - São Paulo : Boitempo,
2009.
il. -(Pauliceia)

ISBN 978-85-7559-042-3

1. Centro (São Paulo, SP) - História. I. Título.

09-6480.
          CDD: 981.611
          CDU: 94(815.61)
18.12.09   18.12.09         016798

É vedada, nos termos da lei, a reprodução de qualquer
parte deste livro sem a expressa autorização da editora.

Este livro atende às normas do novo acordo ortográfico.

1ª edição: agosto de 2007
1ª edição revista: dezembro de 2009

**BOITEMPO EDITORIAL**
Jinkings Editores Associados Ltda.
Rua Pereira Leite, 373
05442-000  São Paulo  SP
tel./fax:  (11) 3875-7250/3872-6869
editor@boitempoeditorial.com.br
www.boitempoeditorial.com.br

# Sumário

Prefácio, *Mílton Jung* ........................................................... 9

Apresentação ....................................................................... 13

Batismos .............................................................................. 17
    Homenagem ao motorneiro Chapa 2665 ................... 19
    A colina e o triângulo ................................................. 21

Infâncias e juventudes ....................................................... 27
    A grande virada .......................................................... 29
    Circuito espiritual ........................................................ 49
    Diversões ..................................................................... 63

Roteiro sentimental ........................................................... 79
    Praça da Sé .................................................................. 81
    Rua Direita ................................................................... 85
    O quadrilátero do pecado .......................................... 89
    Santa Helena sambista ............................................... 93
    Tipos inesquecíveis ..................................................... 97

Idade da ação ......................................................................... 107
   A última viagem do bonde do Magrão .................................. 109
   Brancos, negros e amarelos ................................................. 127

Idade da razão ....................................................................... 131
   Novo Centro Velho? ........................................................... 133

Outras dimensões do Centro Velho .................................... 139
   Primeiros passos ................................................................ 141
   Concreto amado ................................................................. 145
   A casa de Paulo, a casa de Mário ....................................... 147
   Relação de especialistas ...................................................... 149

Cronologia ............................................................................. 153
   Alguns fatos que marcaram quatro séculos e meio
   de história de São Paulo e do Centro Velho .......................... 155

## Créditos das fotografias

Arquivo pessoal de Heródoto Barbeiro: p. 20, 62, 88, 92, 96, 126a, 146, 148.

Fundação Patrimônio Histórico da Energia e Saneamento: p. 34b, 35b.

Agência Estado/Coleção São Paulo de Piratininga: p. 38a, 39a, 42a.

Todas as demais fotografias, incluindo a da capa, são de Ricardo Hara, e foram especialmente feitas para esta edição.

# Prefácio

Foi o Mosteiro de São Bento o cenário do primeiro beijo da moça que acabara de sair da catequese. Sentou-se no banco da praça e encontrou os lábios do namorado que a esperavam. Era tanta paixão que não havia espaço para o remorso pelo pecadilho cometido. A outra, de mãos dadas com seu amor, correu ao Theatro Municipal e entrou, sem pagar, com a cumplicidade de um dos porteiros, por uma porta semiaberta. Escondida e deitada de bruços no piso de madeira, realizou o sonho de assistir ao show de Caetano Veloso. A Praça da República foi o palco do espetáculo de uma paulistana recém-chegada à cidade. Atravessou o espaço público vestindo uma atrevida calça comprida e provocou escândalo nas meninas desacostumadas àquelas vestimentas, nos anos de 1950.

Há quase dois anos levo ao ar, na rádio CBN, um quadro com histórias da nossa cidade contadas por ouvintes, e é no Centro de São Paulo que boa parte delas é protagonizada. Em centenas de textos, os personagens usaram a expressão "ir à cidade" para identificar suas viagens do bairro para o centro, palavreado que surgiu nos tempos em que a distância a ser percorrida era, aparentemente, grande e lenta. Quando poucos carros circulavam pelas ruas e avenidas – estas, aliás, só foram surgir mesmo no planejamento de Prestes Maia no fim dos anos 1920 e nas obras de Fábio Prado já na década seguinte. Quando os bondes, veículos que transportavam passageiros movidos por energia limpa (termo cunhado destes tempos modernos em que se polui o ar queimando petróleo), andavam sobre trilhos, em velocidade moderada, oferecendo a eles a oportunidade de apreciar a paisagem, e de serem apreciados.

Foi nos bondes, por sinal, que muitos paulistanos vivenciaram suas histórias pelo Centro da capital, como pude notar nos textos enviados ao programa. Uma delas, recebida pelo correio eletrônico e assinada por um misterioso H. B. (assim mesmo, apenas com siglas), além de trazer fato de extrema curiosidade pelo acontecido, fazia comentários em favor do autor do livro que você tem em mãos. Dizia, após elogios de praxe a este que lhe escreve, da indignação que lhe provocava "quando, insidiosamente, e, às vezes, mancomunado com o vovô Juca Kfouri, vocês atacam o jornalista Heródoto Barbeiro". O texto vinha seguido de um pedido de desculpas pelo fato de a assinatura se resumir às iniciais, e justificava: "não quero entrar em confronto nem com você nem com o vovô Juca Kfouri". Palavras pouco sinceras pelo menos em relação a mim, pensei, ao constatar que a provocação se estendia à saudação final: "Abraços corinthianos".

A curiosidade me fez ler o texto que falava de um garoto de seis anos que, ao atravessar a Rua Frederico Alvarenga, ali perto da Rangel Pestana, no Centro da cidade, talvez atento à arquitetura do local, não percebeu que um bonde se aproximava. O pai, que estava ao lado, não teve tempo de impedir o atropelamento do garoto. A aparente tragédia transformou um anônimo cidadão paulistano em herói, identificado apenas por um número, como vocês poderão ler nas próximas páginas.

A qualidade jornalística e a época em que se passou o fato me causaram desconfiança. Conhecia poucas pessoas com aquele talento literário, capaz de viver situação tão chocante quanto antiga e, ainda por cima, assinar com a alcunha H. B.

No dia em que o texto foi reproduzido no programa *CBN São Paulo*, mesmo sob o risco de reforçar a acusação de estar mancomunado com o colega Juca Kfouri, recorri a ele para esclarecer o mistério. Afinal, quem estava escondido por trás daquela sigla? Como o diabo sabe mais por velho do que por diabo, o "Vovô" concluiu que estávamos sendo alvos de uma brincadeira do sempre bem-humorado companheiro de redação, o professor Heródoto Barbeiro. Juca fez apenas uma ressalva: o ano do atropelamento e a idade do atropelado teriam sido modificados propositalmente para nos confundir. Se o fato realmente ocorrera em 1952, a vítima, sendo quem era, não poderia ter apenas seis anos.

Juca acertou mais uma vez, pelo menos em relação ao escrevinhador. E Heródoto não resistiu à pressão, confessou a autoria do texto e nos emocionou ao relatar de viva voz como foi salvo pela agilidade do motorneiro. Ressuscitou nos trilhos do bonde que cruzava o Centro da cidade de São Paulo, território que até hoje se confunde com a casa dele. Região que, assim que os pais lhe soltaram a mão, foi explorada de alto a baixo (e isto não é figura de linguagem), seja nos passeios para andar de escada rolante nas poucas lojas que tinham essa modernidade, comer sorvete com gelatina ou ver os filmes do cinema mudo, seja em pleno exercício da profissão de *office boy* que lhe obrigava a percorrer escritórios de advocacia, corredores das repartições públicas e os balcões escuros dos cartórios.

Heródoto nasceu na "cidade", não precisava pegar bonde para chegar até lá. Renasceu na "cidade" ao ser pego pelo bonde. E, a partir do olhar de um nativo, tornou a "cidade" ainda mais interessante nos textos reunidos neste livro.

O Centro deixa de ser apenas o espaço em que se misturam os fatos mundanos, os romances, as intrigas, as crenças e as fantasias dos paulistanos e demais transeuntes. É o perímetro no qual as pessoas costuram sua vida muitas vezes sem compreender a importância dos prédios, sem perceber que passam ao lado de fragmentos históricos da construção de São Paulo, e, sem tempo, sempre sem tempo, olham para o relógio para conferir a hora sem saber exatamente onde estão. Enquanto a maioria de nós, ao fim do expediente, fugia do Centro como o diabo da cruz, Heródoto, em sua longa vida, voltava caminhando a contemplar o que havia na extensão do pátio de sua casa.

Ao ler *Meu velho Centro* imaginei que Heródoto bem poderia ser o rapaz sentado ao lado da moça que era beijada pela primeira vez diante do Mosteiro, ou o moço que de mãos dadas correu até o Municipal para assistir a Caetano, ou o menino de olhar comprido para as calças da atrevida da República. Afinal neste livro descobre-se que Heródoto não é apenas observador ou escritor, é personagem do Centro da nossa cidade.

*Mílton Jung*

# Apresentação

Vivi e vivo no Centro Velho de São Paulo. Frequento a região e não a abandonei quando ela deixou de ser um lugar glamouroso (de homens de paletó e gravata e mulheres de *tailleurs* e chapéu) e se transformou em cenário da decadência urbana. Hoje, trabalho na região de Santa Cecília e apanho o metrô para Sé, Liberdade, São Joaquim e São Bento. Meu filho Guilherme estudou no Colégio de São Bento; minha mulher, Walkiria, acompanha missas e concertos no mosteiro, e meu filho Maurício, imitando o exemplo do pai, trabalhou como borracheiro na Baixada do Glicério.

Nunca consegui me afastar dali. Frequentei os cines Metro, Marrocos, Olido, Ritz e mesmo na época da decadência, nas décadas de 1980 e 1990, ia em busca de melhor som no Marabá e no Cinerama. Sempre gostei de comer uma lasanha no Gato que Ri, uma pizza no Papai, um virado no Um Dois Feijão com Arroz, um bauru no Ponto Chic, um cupim com virado no Farroupilha, esfihas no Almanara, de tomar um chá no Rei do Mate, um chope no Brahma e combinar pastéis e caldo de cana na Sé, Anhangabaú, João Mendes, Cásper Líbero, Maria Antônia, Praça da República, Largo do Arouche, Duque de Caxias e não sei mais onde.

O escritório de advocacia do meu pai – que ele teve depois de encerrar sua atividade de pequeno comerciante – ficava na Rua Tabatinguera, pertinho da Praça João Mendes. De lá, partíamos para revirar os sebos das ruas Benjamin Constant e Quintino Bocaiúva, comprar livros novos na Livraria do Pensamento ou usados nas pontas de estoque da Avenida São João e da Rua Aurora. Como ninguém era de ferro, sempre se fazia uma escala na Padaria Santa Tereza para tomar uma maravilhosa vitamina e comer um pedaço de pizza.

O mundo transitava pelo Centro Velho. A cidade convergia para lá. Era impossível vir a São Paulo sem passar pelo Viaduto do Chá e pela porta do Theatro Municipal ou da Casa Fretin. Se em algum lugar do Brasil existiu um cadinho étnico, foi no Centro Velho de São Paulo.

Nasci ali, em uma ruazinha que começava na Rua dos Carmelitas, terminava na Rua Frederico Alvarenga e era paralela à Rua Tabatinguera. Meu pai, Augusto, a chamava de Travessa do Hospício, mas minha mãe, Irany, que sempre foi de prendas domésticas, dizia que era Rua Nioac, nome de uma cidade do Centro-Oeste, mais precisamente em Mato Grosso do Sul. Morávamos na metade da rua, no número 59, em uma casinha humilde, com porão e cozinha que ameaçou desabar quando construíram um grande prédio na esquina. Nesse porão, eu e meus irmãos escondíamos os vira-latas que pegávamos na rua, até meus pais os descobrirem e os expulsarem. Só Macaca escapou e viveu conosco muitos anos. A posição da casa era privilegiada para quem queria jogar bola na rua de velhos e gastos paralelepípedos, soltar pipa e, à noite, brincar de roda, de cachuleta ou de mocinho e bandido.

Até eu completar dez anos, vivemos do bar do meu pai, que ficava na esquina da Rua Frederico Alvarenga. Depois, graças à ajuda de um tio, o bar virou uma loja de peças para automóveis e de pequenos consertos mecânicos e elétricos. Na mesma época, havia também um chalé de jogo do bicho na outra esquina, o chalé do João Marques, que depois virou uma borracharia, onde eu e meus irmãos – Hipócrates, Teofrasto, Aristóteles e Irany – crescemos. A mim, coube, entre outras tarefas, a de *office boy*, que meu pai sempre chamou de *mensageiro*, e isso permitiu que eu atravessasse o Centro Velho a pé, de um lado para o outro, de lá para cá, de cima para baixo, levando cartas, pacotes, duplicatas, contas, pequenas entregas dos comerciantes da Baixada. As caminhadas eram inebriantes, gostosas, ainda que cansativas e, às vezes, os sapatos de capotão criassem bolhas nos pés. Mas era tudo maravilhoso, as pessoas eram diferentes, os prédios, as fachadas, as igrejas, a catedral, os viadutos, as escadarias – tudo. Uma parcela da história – e das estórias – desse lugar encantado e encantador é contada nas próximas páginas. Alguns dos textos foram ampliados e reescritos a partir de crônicas publicadas nos jornais *Diário Popular* e *Diário de São Paulo*. Outros foram escritos especialmente para este livro. Em todos, igualmente, há muito das ruas e da gente que vive num dos cantos mais especiais do mundo, um lugar que não morre nem nunca envelhece: o Centro Velho paulistano.

Batismos

Bonde exposto no Memorial do Imigrante.

# Homenagem ao motorneiro Chapa 2665[1]

A atenção ao trabalho constitui garantia de vida ao público

No dia 10 de janeiro, na Rua Frederico Alvarenga, 320, quando o menor Heródoto procurava atravessar a rua, descuidadamente, olhou para o lado e não viu que um bonde estava bem próximo. Ninguém poderia suspeitar da atitude do menino, quando, repentinamente, se atirou na frente do elétrico, olhando para outro lado. Algumas pessoas que presenciaram o ocorrido, inclusive seu pai, quem nos relatou o fato, somente ouviram o barulho da parada repentina do veículo e exclamações diversas partidas de todos os lados. O pai precipitou-se imediatamente para retirar o possível cadáver do filho, que deveria estar esmagado nas rodas do bonde. O seu espanto e alegria foram inauditos, pois tirou o pequeno do salva-vidas, constatando apenas alguns leves arranhões.

---

[1] Texto publicado no jornal *A Hora*, em 28 de março de 1954.

Todos os que assistiram à cena emocionante ficaram perplexos pela agilidade com que o motorneiro fez uso do salva-vidas e da reversão, parando o carro imediatamente. O pai da criança não sabia mesmo se deveria cuidar do filho ou agradecer ao valoroso motorneiro 2665, verdadeiro exemplo de atenção no trabalho e segurança na execução de sua tarefa.

No dia seguinte, o mesmo motorneiro foi à casa do menino saber suas notícias, o que muito alegrou aos pais, por saberem que há ainda homens de bons sentimentos, transportando diariamente os paulistanos.

Por esse ato de segurança no serviço, o Eng. Chefe do DTB, Dr. Nelson Camargo, expediu um memorando, elogiando o heroico motorneiro.

Que isso sirva de exemplo a todos quantos conduzem criaturas humanas. A atenção no serviço é dever de todos os trabalhadores. Um segundo de descuido é o bastante para extinguir-se uma vida.

Rua Nioac, 3 de março de 1955, diante da borracharia da família Barbeiro. Heródoto está agachado; à direita, o irmão Hipócrates. As demais crianças e os adultos eram vizinhos.

# A colina e o triângulo

Inicialmente, quero apresentar o Centro Velho de São Paulo. Tomo essa liberdade uma vez que devo ser o único morador dessa região que nasceu duas vezes lá. A primeira foi na Rua Nioac, antiga Travessa do Hospício, em frente ao quartel do Parque Dom Pedro II. A segunda ocorreu diante do mesmo quartel, no episódio que abre este livro ("Homenagem ao motorneiro chapa 2665") e é uma espécie de certidão de casamento eterno entre mim e o Centro Velho. Afinal de contas, ser atropelado por bonde e não morrer era nascer de novo. "Você nasceu de novo" foi a frase que mais ouvi na infância. Deve ser verdade. Assim mesmo, ainda estou muito longe dos gatos que têm sete vidas – muitos dos quais, aliás, vi vagabundeando nos jardins do sofisticado Theatro Municipal, lá no Centrão.

Nos tempos em que estudei no velho Romão Puigari – que à noite se tornava Colégio Anne Frank –, a professora dizia que a fundação de São Paulo se inseria no processo de ocupação e exploração das terras americanas pelos portugueses. É verdade que a Colônia ficou abandonada durante uns trinta anos e por pouco não foi anexada ao império colonial francês ou inglês. Que diferença faz? Não importa quem seria o colonizador: de qualquer forma, eles queriam colônias de exploração, e logo seríamos tão espoliados como fomos pelos portugueses. Os lusos, depois de fundar São Vicente, em 1532, avançaram serra acima determinados a implantar uma base para mergulhar no sertão. A imaginação dos portugueses beirava o ouro e a prata, uma realidade já vivida pelos espanhóis, que se fartaram com as riquezas dos povos do México e do Peru. Quem sabe no interior do Brasil também não houvesse uma civilização que acumulasse metais preciosos? Os olhos dos colonizadores brilhavam.

O pretexto para fundar uma vila no planalto era o fato de que a região era habitada por índios bravios (menos dóceis do que as torcidas organizadas de futebol que, em tempos recentes, têm comemorado a vitória de seus clubes destruindo o que veem pela frente em plena Avenida Paulista). Eram uns aborígenes carrancudos, mal-encarados, dispostos a defender com bofetões e pauladas as terras que os brancos queriam tomar deles. Os bugres tinham de ser dobrados na conversa, no cara a cara, no convencimento. Do contrário, resistiriam. Não eram pacíficos como os milhares de paulistanos que hoje se encaramujam nos vagões do metrô e treinam para um dia virar sardinha em lata. Para dobrar a têmpera dos primeiros brasileiros, nada melhor do que o diálogo, e, para isso, nada melhor do que os jesuítas, representantes da Igreja, a grande aliada do rei de Portugal. Era a forma mais barata e eficiente de se montar um império: depois de batizados pelos padres, os indígenas automaticamente se tornavam católicos e cidadãos de Portugal. Teriam ainda o privilégio de pagar impostos e de adorar um Deus que não entendiam. Assim foi feito.

Um grupo de padres jesuítas subiu a Serra do Mar, partindo de Santos, e chegou ao Planalto de Piratininga. Acamparam no Centro Velho, lá pelas paragens da Praça da Sé, da Clóvis Bevilácqua, do Pátio do Colégio e adjacências. Diziam que os ares que se respiravam eram frescos como os da Espanha, que a terra era sadia e que se bebiam boas águas. Imagine a bela imagem que os jesuítas encontram no Centro Velho. Hoje, você pode se disfarçar de turista, dar uma volta por ali e tentar encontrar os pontos indicados pelos fundadores, que juraram por todos os crucifixos que a colina plana, cercada pelos rios Tamanduateí e Anhangabaú, era o local ideal para se estabelecer. Você não vai mais encontrar o Rio Anhangabaú, porque ele foi soterrado e sumiu da paisagem; já o Tamanduateí foi empurrado lá para o meio do Parque Dom Pedro II, pois sua presença incomodava o sopé da colina com suas enchentes e suas moscas. Hoje, seu cheirão tenebroso impregna o ar da Avenida do Estado e é sentido até dentro do Mercado Municipal.

A cidade de São Paulo nasceu no Centro Velho. José de Anchieta e Manuel da Nóbrega fundaram o Colégio dos Jesuítas em 25 de janeiro de 1554. Suas paredes eram de taipa de pilão, o mesmo material das casas que o cercavam. O prédio atual é uma reconstrução, mas no pátio interno ainda está preservada uma parede original, que dá uma ideia de como o prédio foi levantado naqueles dias distantes.

Tudo indicava que São Paulo se reduziria ao Centro Velho e nada mais. E, realmente, durante seus três primeiros séculos, uma coisa se confundiu com a outra, daí a importância da região. Só a desinformação faz com que os paulistanos ignorem essa área tão importante para a cidade e para o país. Você vai dizer que é um lugar perigoso, com muitos assaltos, que acumula toneladas de sujeira, que é apenas uma região de passagem, uma vez que a Sé, ao longo do tempo, tornou-se um verdadeiro *carrefour*, um entroncamento que o paulistano necessariamente tem de cruzar para ir de uma região a outra da cidade – e isso desde a época dos carros de boi coloniais até o metrô republicano. Bem, o Centro Velho se tornaria bem mais do que isso. Mas vamos devagar.

São Paulo conquistou galardões administrativos como a condição de vila, em 1560; de capital da Capitania de São Paulo, em 1681, e, em 1711, a elevação à categoria de cidade. O tempo, porém, consolidou a importância do Triângulo Histórico, com três conventos em seus vértices: o de São Bento, o do Carmo e o de São Francisco. Só para a localização dos menos familiarizados com a região, trata-se da área compreendida pelas ruas Direita, 15 de Novembro e São Bento.

Os primeiros tempos de São Paulo eram miseráveis como os seus habitantes. Nada de atração econômica, exceto pequenas plantações e criações de subsistência, além de conflitos entre jesuítas e donos de terras. Estes queriam escravizar os índios, uma vez que não dispunham de capital para comprar negros, como faziam os que implantavam o complexo canavieiro no Nordeste da Colônia. A saída para a economia pífia era montar expedições de ouro de lavagem, ou caça ao índio no Sul do Brasil. Até o século XVIII, as expedições conhecidas como Bandeiras partiam de São Paulo, e as que se internaram em Minas Gerais e em Goiás tiveram sucesso. Encontraram quantidade de ouro suficiente para virar a economia colonial de pernas para o ar. Os paulistas não lucraram com o novo centro dinâmico da economia do Brasil, já que foram expulsos pelos portugueses e por outros aventureiros. Contudo, para atiçar o bairrismo paulista que todos nós juramos que não existe, digo que foi graças àquelas expedições que o território da Colônia portuguesa se estendeu enormemente. "Que linha de Tordesilhas, que nada! Bola pra frente", pensaram os fundadores.

Tudo acontecia no Centro Velho. De passagem para Santos, onde iria recuperar o prestígio político da família de José Bonifácio, o jovem garboso e viril príncipe-regente Dom Pedro passou pela cidade. Na volta, após declarar no Ipiranga a separação política entre Brasil e Portugal, aos berros de "Independência ou morte!", sua comitiva foi vista do Centro Velho. Não é puxar sardinha para o meu bairro, não. Pode ler no livro *O Império brasileiro*, do historiador Oliveira Lima. Quando a comitiva se aproximava da Baixada do Glicério, os sinos da Igreja da Boa Morte, em plena Rua do Carmo, repicaram boas-vindas ao intrépido príncipe. E foi lá, no Centrão, que se armou um sarau num salão decorado com fitas verdes e amarelas, futuras cores das bandeiras do Império e da República. Você vai dizer que elas representam o ouro e o verde das nossas matas. Nada disso. Era uma homenagem às casas reais de Bragança e de Habsburgo, de Dom Pedro e da esposa, Dona Leopoldina. Além do ato cívico, nessa passagem por São Paulo Dom Pedro conheceu a faceira Maria Domitila, a Marquesa de Santos, com quem teve vários filhos...

No período imperial, a cidade começou a se estender e, em 1825, foi inaugurado o primeiro jardim público, o da Luz. Pouco depois, também no coração do Centro Velho, foi fundada a Academia de Direito, no Largo de São Francisco, famosa tanto no Império como na República pela quantidade de políticos e intelectuais que formou. Era no Centro Velho que confabulavam os "homens bons", os homens de posses, que participavam da política local e dirigiam a cidade como vereadores.

É esse Centro Velho que conheci na prática, cruzando de um lado para o outro, levando correspondências, fazendo pagamentos, frequentando cinemas e teatros. E também comendo os deliciosos pastéis de queijo com caldo de cana.

Infâncias e juventudes

Janelas da Igreja da Boa Morte.

# A grande virada

O prato típico da cidade é o virado à paulista. Talvez por isso, digamos assim, as grandes viradas caiam bem para os paulistanos. E foi exatamente isso o que eles empreenderam a partir da segunda metade do século XIX, ao transformar a recatada vila de taipa de pilão na cidade mais importante do Brasil. À época, faltava a São Paulo um brilho próprio para deixar de lado as feições provincianas – embora até hoje nós, paulistanos, nunca admitamos ter sotaque, são os outros que o têm; nem aceitemos que o Rio sempre tenha sido a capital política e cultural do país. Esse brilho veio de um diamante em forma de grãos marrons.

O café promoveu uma revolução na economia e na vida de São Paulo, e de todo o Brasil. A construção da estrada de ferro São Paulo Railway, a SPR, transformou a cidade em um entreposto do café que era drenado do interior do estado para o Porto de Santos, e de lá para os mercados da Europa e dos Estados Unidos – que não passavam um só dia sem um cafezinho. A contrapartida eram milhões e milhões de divisas para o país.

Os pátios ferroviários cresceram na região do Brás e a maria-
-fumaça passou a ser familiar na moderna paisagem paulistana.
Com ela, a cidade ganhou vida e passou a exigir todo tipo de
serviços e mão de obra. A partir de 1867, a Estação do Brás ajudou a mudar a fisionomia da cidade, uma vez que os imigrantes
inicialmente destinados às fazendas de café nem sempre chegavam lá: apeavam em São Paulo e aqui se estabeleciam, sempre
em bairros ao redor do Centro Velho. Italianos, espanhóis, eslavos,
árabes, enfim, povos que buscavam o paraíso perdido na América.
O número de imigrantes foi impressionante: em 1895, a cidade
tinha 130 mil habitantes, dos quais 71 mil eram estrangeiros –
mais da metade da população, note-se. Cinco anos depois, já
moravam na cidade 239 mil pessoas. Quase o dobro!

O jeito foi a cidade se modernizar, imitando as metrópoles
europeias sempre que possível. Aos poucos, São Paulo ganhou
contornos de capital econômica do país, concentrando também as indústrias. Daí, o Triângulo Histórico transbordou para
além de seus limites originais, saltando sobre as depressões do
Anhangabaú e da Várzea do Carmo em direção aos bairros
mais distantes e induzindo a criação de outros. Surgiram as
primeiras linhas de bonde e os reservatórios de água e de gás.
Instalado diante da Várzea do Carmo, mas na margem do rio
mais distante da cidade, o Gasômetro era a nossa "fábrica de
luz". Ali, a partir da destilação fracionada do carvão de pedra
(hulha), conseguia-se o gás necessário à combustão e, portanto, à luz. O curioso é que o Gasômetro foi instalado na antiga
Chácara do Ferrão, que pertencera à Marquesa de Santos –
sim, ela outra vez. Os primeiros e elegantes lampiões a gás que
tanto marcariam a imagem da cidade foram acesos em 1872.
Primeiro, foram iluminados o Palácio do Governo e a antiga
Catedral, ambos no Centro Velho. Mais tarde, cerca de quinhentos postes foram instalados pela cidade e provocaram um
misto de surpresa e maravilha na população. Será que, hoje,
conseguimos imaginar o que aquilo representou para os
paulistanos? A máquina a vapor puxava os vagões cheios de

carvão importado da Europa desde o Porto de Santos até o Brás. Dali era levado para a Rua do Gasômetro e para os fornos, onde era transformado em combustível. O cheiro do carvão queimado perfumava – ou seria melhor dizer empesteava? – o ar do Parque Dom Pedro II e, nos dias ventosos, também a região da Praça da Sé. Mas, enfim, fez-se a luz.

Um dos maiores símbolos daquela fase é, sem dúvida, o Viaduto do Chá, idealizado em 1877 e inaugurado em 6 de novembro de 1892. Ele alargou o Centro Velho, ou, como gostam alguns, criou o Centro Novo, e a cidade cresceu em direção ao oeste, rumo ao que hoje conhecemos como Praça da República – naquela época, o local não passava de um modesto conjunto de casas construído na década de 1870 e se chamava Largo dos Curros. Quando o francês Jules Martin propôs o projeto do Chá, o que incluía cobrança de pedágio para os usuários, muita gente riu: quem haveria de pagar para cruzar o vale rumo a lugar nenhum?

Outro grande símbolo do alargamento, pouco mais afastado, foi a abertura da Avenida Paulista, em 1891, para abrigar as mansões dos barões do café. O orgulho paulistano ficou ainda mais evidente quando nos primeiros anos do século XX se inaugurou a Estação da Luz, em estilo vitoriano, à beira da São Paulo Railway, que fazia o trajeto Santos–Jundiaí.

Em poucos anos, a paisagem seria totalmente nova. Em 1911, por exemplo, já se podia ver, a partir do Centro Velho, o imponente Theatro Municipal, do outro lado do Anhangabaú. Foi obra do arquiteto Ramos de Azevedo, o mesmo que projetou o colégio Romão Puigari, no Brás. Ramos de Azevedo também foi o protagonista do atropelamento do irmão de minha mãe, o garoto Ervinho, no bairro do Bom Retiro, já na década de 1930. Ele socorreu o atropelado, deu apoio a minha avó, viúva com cinco filhos, e ainda conseguiu que meu tio mais velho, Pedro, fosse trabalhar na Casa Anglo Brasileira, no Centro Novo. Dali, ele sairia para a aposentadoria no Mappin.

O crescimento de São Paulo está intimamente associado ao café, aos imigrantes, às indústrias, aos operários, à burguesia nascente. Em 1917, ocorreu a maior greve já vista no país até então: 70 mil operários cruzaram os braços por uma semana e só arregaçaram as mangas novamente quando conquistaram 20% de aumento. No mesmo ano, foi inaugurado, no Parque Dom Pedro II, o Palácio das Indústrias – símbolo da pujança da cidade. No dizer do prefeito Washington Luís, futuro presidente da República: "A cidade hoje é alguma coisa como Chicago e Manchester juntas". Como se vê, até o paulista de Macaé tinha sido contaminado pelo bairrismo.

Vista parcial da
Rua Líbero Badaró.

Viaduto Santa Ifigênia, com Igreja de Santa Ifigênia ao fundo; abaixo, o mesmo viaduto em 1913.

aduto do Chá, com Shopping Light (antigo Prédio da Light) ao fundo; abaixo, o mesmo viaduto, em foto do começo do século XX, visto do casarão do Conde de Prates; ao fundo, o Theatro Municipal.

Praça Antônio Prado.

Acima, a Praça da Sé no começo do século XX; ao lado do relógio, vê-se o local de parada dos bondes, indicado por uma pequena placa suspensa. O prédio mais alto, ao fundo, seria demolido anos depois para em seu lugar ser construída a sede da Caixa Econômica Federal (foto ao lado), que hoje, após restauração, é um centro cultural.

Vista parcial da Rua 15 de Novembro, na década de 1910; abaixo, vista atual da esquina das ruas 15 de Novembro e Direita.

O Theatro Municipal, visto do Viaduto do Chá.

Casarão antigo na Rua Roberto
Simonsen, nas imediações do Pátio do
Colégio e da Secretaria da Justiça

Rua São João, sentido Rua São Bento, na década de 1910.

Detalhe de prédios no Largo do Arouche.

Avenida São João, com edifício-sede do Banespa (hoje Santander-Banespa e oficialmente Edifício Altino Arantes) ao fundo e Edifício Martinelli à direita.

Edifício Copan, projeto de Oscar Niemeyer para a comemoração do IV Centenário da cidade de São Paulo.

O famoso Ponto Chic do Largo do Paissandu.

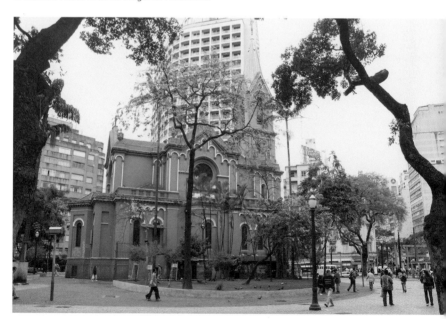

Igreja de N. Sra. do Rosário dos Homens Pretos, no Largo do Paissandu.

Estação Júlio Prestes.

Árvores centenárias no Jardim da Luz, ao lado da Pinacoteca do Estado.

O Vale do Anhangabaú, em dua tomadas: acima, vista do túnel que liga os dois lados do vale; destacam-se o Palácio dos Correios (à direita) e a sede da Prefeitura (o prédio branco, ao fundo, junto do Viaduto do Chá); ao lado, vista dos jardins com Viaduto do Chá ao fundo.

# Circuito espiritual

## Igreja de São Gonçalo

Garantiram-me que era um pedacinho da madeira da cruz em que Jesus foi crucificado. Quem me falou isso foi o padre-irmão que cuidava dos jovens que frequentavam a Igreja de São Gonçalo, na Praça João Mendes. Não tive dúvidas: o terço em que estava pendurado o crucifixo oco com um pedacinho de madeira tinha vindo mesmo de Jerusalém, um lugar que eu não podia imaginar onde ficava. Mas era uma cidade santa, como tantas vezes ouvi nas missas do domingo pela manhã. Essa foi a minha primeira decepção religiosa.

Os garotos de São Gonçalo se revezavam na porta principal da igreja, na banquinha que vendia santinhos, velas, medalhas e crucifixos – entre eles, o que continha o pequeno pedaço de madeira. Eu me esforçava para vender o máximo que podia. É verdade que havia uma comissão de 10% nas vendas, mas o que me dava satisfação era conseguir dinheiro para a igreja, conversar com as pessoas que vinham à missa e ficar na porta principal acompanhando os carros e os bondes que passavam e estacionavam diante da Padaria Santa Tereza. Foi em uma das muitas tentativas de vender o crucifixo mais caro, o do pedacinho de madeira, que um devoto me explicou que não era possível ser parte da cruz de Jesus... Talvez fosse de uma madeira que teria sido encostada na cruz. Afinal, Cristo tinha morrido há tantos anos... De uma forma ou de outra, foi um choque. O irmão-padre mentira para mim.

A segunda decepção foi provocada por um carro. Um carrão Ford, tipo rabo de peixe, importado dos Estados Unidos, que estava sendo rifado em plena Rua Direita. Era comum na década de 1960 entidades filantrópicas e comerciais obterem autorizações para esse tipo de rifa. A comunidade dos meninos da Igreja de São Gonçalo ganhou alguns números para concorrer. O irmão-padre Luizinho ficou eufórico. Organizou, todas as tardes, rezas de terço para que ganhássemos o carro. Foi uma semana de orações, e ele garantia que Deus não faria feio – era só esperar o resultado. O carrão foi parar em mãos desconhecidas, talvez pagãs, e a comunidade apenas ouviu o padre Luizinho dizer que não fazia mal, outras oportunidades apareceriam. Não surgiram. Nem mesmo com o cântico em latim no coro da igreja, ao lado de um antigo órgão. Músicas sacras que eu havia aprendido na Igreja do Carmo, na esquina da Praça Clóvis Bevilácqua com a Avenida Rangel Pestana.

Era uma época em que as missas eram rezadas em latim, em que os coroinhas respondiam a frases decoradas, cujo significado não compreendiam. O padre oficiava de costas para os fiéis, mas de frente para Deus, com seu belíssimo paramento (cuja cor variava de acordo com a época litúrgica) onde se vislumbravam motivos bordados em dourado ou prateado. Esses belíssimos paramentos contrastavam com as longas batinas pretas cujo único destaque era um discreto colarinho branco.

As igrejas do Largo de São Francisco e da Praça do Patriarca eram as minhas favoritas. Uma multidão entrava e saía apressada, fazia orações rápidas, acendia velas. "São Paulo não pode parar", dizia o *slogan* governamental da época, repetido à exaustão pelas rádios. Os milagres alcançados eram muitos; os testemunhos, inúmeros. Por isso, sempre que tinha dor de dente, juntava-me aos que pediam graças, ou para me aliviar da dor ou para me livrar do dentista e de seu motorzinho ameaçador.

A capela que minha mãe frequentava às terças-feiras à noite era a dos Enforcados, localizada no início da Avenida Liberdade, onde se acendiam muitas velas. Ela não se cansava de me contar histórias dos escravos que ali tinham sido martirizados por coronéis e senhores brancos da cidade, e, por isso, eles atendiam aos pedidos feitos pelos pobres. Tanta religião por parte de mãe e uma total descrença por parte de pai! Ele chegou às raias da blasfêmia ao cuspir pela janela uma hóstia que lhe foi dada quando esteve internado no Hospital Leão XIII, para a retirada de uma úlcera no estômago. Foi essa disparidade de crenças entre os dois que me afastou do adro das igrejas do Centro Velho e, temporariamente, me converteu ao ateísmo.

## Igreja da Boa Morte

Assim como se diz *bom dia* ou *boa noite*, é possível dizer *boa morte*? Não me lembro de ninguém que tenha desejado a outra pessoa uma *boa morte*, assim como se diz *boa sorte*. Talvez esse tipo de cumprimento possa ser dito entre budistas, que buscam neste mundo um aprimoramento capaz de impedir que, depois de mortos, entrem no círculo do morrer e renascer eternos a que chamam de *samsara*. O budismo é a única religião do mundo que procura a morte eterna e a grande recompensa é a volta para o todo. Mas na religião católica é tradição rogar pela intermediação de uma entidade santa para auxiliar o fiel em situações difíceis ou de desespero. Por isso temos Nossa Senhora do Bom Parto, Nossa Senhora das Dores, Nossa Senhora da Boa Morte.

A Igreja de Nossa Senhora da Boa Morte, ou simplesmente Igreja da Boa Morte, está firmemente plantada na esquina da Rua do Carmo (antiga Rua da Boa Morte) com a Rua Tabatinguera. É uma construção antiga, datada de 1810. Como já contei, reza a tradição que seus sinos foram os primeiros a anunciar a Independência do Brasil. A comitiva real vinha do Ipiranga e, ao apontar na Baixada do Glicério, um mensageiro anunciou que o príncipe-regente havia decretado a separação política entre Brasil e Portugal. Foi só Dom Pedro aparecer no horizonte e os sinos da Boa Morte começaram a repicar. Iniciava-se a festa da Independência. O povo veio para a rua dar boas-vindas e gritar vivas à Independência. À noite, houve sarau em um teatro. Os puxa-sacos, que sempre existiram e ficam mais ativos durante as trocas de governo, enfeitaram a sala com fitas verdes e amarelas numa clara "homenagem" às casas reais de Bragança e de Habsburgo. Na mesma noite, o jovem regente liderou a cantoria, sentando no cravo e dedilhando composições de sua autoria, entre elas a que depois recebeu letra de Evaristo da Veiga e virou o *Hino da Independência*. O "Já podeis da pátria filhos...". Nada de "Japonês da feira livre...".

O bairro rezava na Igreja da Boa Morte. Na década de 1960, as pessoas ainda tinham tempo para rezar no fim da tarde. A religiosidade era intensa e o Dia de Todos os Santos e o de Finados eram aguardados com grande contrição. Nesses dias, as rádios não tocavam música popular, não apresentavam os jornais falados, nem programas de auditório ou humorísticos. Só música clássica durante 48 horas. Diariamente a Rádio Nacional de São Paulo dava a hora certa: seis horas. Começava, então, o *Programa da Ave-Maria*. Um violino solo tocava a melancólica "Meditação", da ópera *Thaïs*, de Massenet. A voz amiga do radialista Pedro Geraldo Costa iniciava seu programa, de grande audiência, o que fez dele deputado estadual e candidato a prefeito.

O violino era a senha. As crianças saíam para as portas das casas das ruas Agassis, dos Carmelitas, Nioac, Frederico Alvarenga e outras das proximidades. Todo mundo de banho tomado: os meninos de calças curtas e camisa passada, cabelo bem esticado com brilhantina e sapatos lustrosos; as meninas de tranças e vestidos engomados. Todos esperavam por dona Berenice. Ela ia passando pelas ruas, juntando as crianças e prometendo às mães que nada iria acontecer. O grupo ia aumentando e, quando chegava à porta da Boa Morte, já era suficiente para encher a igreja. A reza começava exatamente às seis e meia, sob o comando do seu Gregório, um negro alto de cabelo branco. Todos rezavam, cantavam, cheiravam o incenso e ficavam envolvidos pela magia das imagens antigas e desbotadas pelo tempo. Era a igreja do Centro Velho e tinha um destaque especial na comemoração da Semana Santa. As crianças ficavam assustadas com o andor que levava o Cristo morto. Era a única vez que a imagem deixava a igreja em procissão.

A Igreja da Boa Morte é um símbolo que resistiu ao tempo, à destruição do Centro Velho, em nome de um progresso impulsionado pela especulação imobiliária que não respeitou nada. Só a velha Boa Morte ficou.

Hoje não há mais tempo para se rezar na cidade. As crianças estão grudadas na TV e o trânsito passa tão loucamente pela Rua Tabatinguera que pouca gente nota a velha e garbosa Igreja da Boa Morte, fincada no maciço central, à espera de quem queira os seus préstimos para, da melhor forma possível, deixar esta vida para a outra, como crêem os cristãos. É possível que ela tenha caído em desuso. Os homens e as mulheres do século XXI se julgam imortais e não têm mais tempo para pensar no que, hoje, consideram pura bobagem.

## Igreja da Paz

Na década de 1950, muita gente que vivia nas proximidades do Centro Velho frequentava as feiras-livres da Baixada do Glicério. O povo vinha da Rua do Lavapés, Rua da Glória, Rua São Joaquim e até da Rua do Gasômetro, do outro lado do

Rio Tamanduateí, e se juntava nos mercados a céu aberto da Rua São Paulo e dos Estudantes. Toda quarta e domingo lá estavam os feirantes com suas barracas de consertadores de panelas e venda de carne "verde", ou melhor, "fresca", de uma forma que seria inimaginável comercializar hoje: ao ar livre. A feira também era a oportunidade para muitos meninos ganharem uns tostões carregando as sacolas dos fregueses.

Os italianos chegaram à Baixada do Glicério vindos do Brás e da Mooca, atraídos pela generosidade da família compatriota D'Angelo, dona da fábrica de cigarros Sudan. A família possuía um imenso terreno que se estendia pela Rua do Glicério, passava pela Conde de Sarzedas e chegava até o pé da Rua São Paulo – esta tinha uma travessinha, a rua Sinimbu, onde, na década de 1950, morou um humilde e magérrimo professor de português que usava cabelos caídos na testa, Jânio da Silva Quadros, que assumiria a Presidência da República em 1961. No imenso terreno dos D'Angelo foi erguida a Igreja de Nossa Senhora da Paz.

A igreja ficou conhecida pelas belas missas, vez por outra acompanhada por uma orquestra de cordas, e pela presença dos devotos italianos. Na verdade, aos domingos, havia uma celebração especialmente dedicada aos italianos, fossem eles pobres ou ricos como os industriais Crespi, concorrentes dos Matarazzo. Inicialmente, só havia ali padres sisudos, com batinas pretas e sotaque e sobrenome italianos. A igreja estava plantada bem no meio do terrenão. De um lado dela, foi construída a escola paroquial, para filhos de pais de classe média baixa, como os meus, e que pudessem pagar uma mensalidade modesta. Os padres ofereciam a pré-escola e os primeiros quatro anos de alfabetização. Do outro lado, foi instalada uma marmoraria, fonte de recursos para manter as obras de caridade. No imenso pátio havia ainda espaço para os carrões americanos dos italianos ricos das missas de domingo.

A arquitetura da Igreja da Paz, como era conhecida no bairro, era totalmente diferente do estilo das demais igrejas do Centro Velho. Igreja era sinônimo de prédio antigo, de arquitetura colonial ou imperial, e a da Paz tinha grandes arcos e tijolos à vista. Nem torre tinha. Fora construída na década de 1940, muitos anos depois, portanto, dos antigos templos do Centro e parecia mais um corpo estranho do que um complemento do conjunto de templos locais. As imagens dos santos eram pintadas nas paredes brancas e não havia a riqueza de detalhes e entalhes dourados que as velhas igrejas ostentavam. Hoje em dia provavelmente seria considerada *clean*, ou um templo "básico".

O ritmo dos ofícios da Igreja da Paz fugia ao hábito de outras igrejas. Suas imensas portas viviam fechadas e só se abriam para as missas tradicionais ou para os maravilhosos casamentos dos sábados à tarde. É, os filhos e as filhas dos imigrantes bem-sucedidos casavam-se lá e o movimento de chegada e saída das noivas era uma atração para a população que tinha pouquíssimas opções de lazer. Nessas ocasiões, as escadarias ficavam forradas de curiosos que desciam dos bondes na Rua do Glicério. Muita gente fazia uma parada e depois seguia para o Cambuci, para o Ipiranga, ou até mesmo para o Moinho Velho. Essa linha de bondes, aliás, me traz outras recordações marcantes. Nunca me esqueci da construção dela. Durante a fase de obras, eu costumava me equilibrar sobre os trilhos ainda apoiados apenas nos dormentes e uma vez fiz um longo percurso, chegando quase até a Sudan. Só um escorregão diante da escola paroquial me impediu de chegar ao "ponto final": o resultado foi um corte no supercílio, uns bons cascudos do meu pai e uma meia dúzia de pontos cirúrgicos obtidos gratuitamente na Central de Polícia do Pátio do Colégio.

A vida pacata e tranquila do complexo da Igreja Nossa Senhora da Paz começou a mudar com os solavancos que o Centro sofreu na década de 1970. Os prédios que coalharam a região, geralmente quitinetes habitadas por solteiros e prostitutas, a deterioração que avassalou os quarteirões e os miseráveis que se juntaram sob os viadutos da ligação leste–oeste da cidade transformaram a vida dos antigos moradores. Os padres italianos se envolveram em um grande escândalo e a igreja transformou a escola em uma área para migrantes. Assim como o Brás, a Nossa Senhora da Paz trocou o sotaque veneziano pelo nordestino. Teve início uma nova vida na região.

A igreja continua até hoje com as missas em italiano. Todo primeiro domingo do mês, venezianos, milaneses, sicilianos e gente das demais regiões da Itália e seus descendentes podem juntar preces na língua de Dante. Fico feliz por isso. A esse hábito veio unir-se um novo, fruto da atração que São Paulo exerce sobre imigrantes latino-americanos, especialmente a partir da década de 1970: no último domingo do mês, os serviços religiosos são conduzidos em espanhol. Os fiéis são provenientes especialmente do Paraguai, da Bolívia, do Chile e do Peru. O mais interessante é que eles têm espaço para cultuar seus santos locais dentro da Nossa Senhora da Paz. Por exemplo: ganharam espaço afrescos para São Francisco de Assis e Santa Catarina de Sena, especialmente populares na Itália. Há capelas ainda paras as virgens de Carmen (padroeira do Chile), Caacupe (Paraguai) e Copacabana (Bolívia). A ideia era receber os vizinhos latino-americanos que deixavam seus países por razões econômicas ou mesmo políticas, perseguidos pelas ditaduras militares que então se multiplicavam pela região.

Acolher esses novos paulistanos foi mais uma prova de que São Paulo é realmente uma cidade do mundo. Até em termos de fé.

## Duas ou três catedrais

O barulho dos velhos tanques de guerra era ensurdecedor. Eles vieram em coluna, precedidos de jipes, pela Avenida do Estado, atravessaram a ponte sobre o Rio Tamanduateí e iniciaram uma manobra diante do Quartel do Exército do Parque Dom Pedro II. As crianças quiseram se aproximar, mas os soldados do 7º Batalhão de Guardas impediram. Não podíamos nos aproximar dos velhos tanques sobreviventes da Segunda Guerra Mundial – sim, eles eram realmente velhos, mas eram os melhores que o país podia ter. Muita fumaça, muito barulho. Uns veículos puxavam outros quebrados e faziam uma coluna respeitável e que atraía a curiosidade de quem passava de ônibus ou de bonde.

Meu pai juntou os amigos para anunciar que estava em curso mais um golpe de Estado no Brasil e que o presidente poderia cair a qualquer momento. Nada disso. Toda aquela manobra impressionante de veículos era parte da comemoração do IV Centenário da cidade de São Paulo, em 1954, uma grande festa que se estendeu durante aquele ano todo e só foi interrompida quando o presidente Getúlio Vargas se suicidou, em agosto. Um tiro colocaria Getúlio definitivamente na história, mas punha fim a uma festa sensacional.

O IV Centenário encheu ainda mais o peito dos paulistanos de ufanismo e bairrismo. O surrado *slogan* "São Paulo não pode parar" foi repetido à exaustão. Tudo o que a cidade possuía ou tocava era "maior", "mais bonito", "melhor"... esse era o espírito da época. E não bastava ser o maior, mais bonito ou melhor do Brasil, havíamos de ser os "melhores" da América Latina. Hoje pode parecer um tanto tolo, mas valia a pena viver numa época de euforia e ter a sensação de que o mundo girava em torno da cidade.

As comemorações, com direito a símbolo e tudo, fizeram ressuscitar o velho nacionalismo paulista da Revolução de 1932 e rendeu frutos muito concretos e duradouros: a inauguração do Parque do Ibirapuera e do Mausoléu dos Heróis da Revolução Constitucionalista, sob o Obelisco do Ibirapuera, por exemplo. A passagem histórica ligada à Revolução de 1932, aliás, até hoje foi mal explicada pelos professores, que jamais nos disseram a verdade. Diziam que São Paulo tinha lutado pela democracia do país, contra a ditadura de Vargas, pela volta do Estado de direito etc., mas nunca revelaram que a velha elite desbancada pela Revolução de 1930 queria ir à forra e voltar ao poder. Ninguém pronunciava a expressão "oligarquia cafeeira" nem explicitava seus interesses. De qualquer forma, os paulistanos foram até os locais onde as comemorações aconteciam, fossem elas em um Ibirapuera alagado e lamacento, fossem às margens do Rio Pinheiros, onde houve uma queima de fogos de artifício a partir de um lugar ermo onde seria erguida a Cidade Universitária.

Os moradores do Centro Velho não ficaram nem um pouco enciumados das festanças paralelas que corriam fora do Triângulo Histórico, berço da cidade. Falo, é claro, por experiência pessoal. A pontada de ciúme não foi sentida simplesmente porque, na noite de 25 de janeiro, ocorreu uma das mais belas homenagens àquele cantinho da cidade. Uma esquadrilha de velhos DC3 da Força Aérea Brasileira, a mítica FAB, sobrevoou a cidade e despejou uma chuva de prata formada por pequenos triângulos de alumínio que foram iluminados por holofotes do Exército. Pronto, nosso triângulo estava devidamente reconhecido e recompensado, por sua beleza, por sua importância. A excitação do povo aglomerado em frente do Palácio das Indústrias, em pleno Parque Dom Pedro II, chegou ao máximo quando o locutor oficial, Homero Silva, da TV e Rádio Tupi, explicou que fora daquela maneira que os Aliados haviam enganado os radares alemães durante a Segunda Guerra Mundial e, assim, começado a bater Hitler: uma chuva de pequenos objetos metálicos. Foi a glória para nós, moradores do Triângulo. Uma glória equivalente a uma vitória em batalha.

Outro trunfo "nosso" foi a restauração do Pateo do Collegio, da igreja e da escola a partir dos quais a cidade fora criada pelos padres jesuítas, quatro séculos antes. Não faltaram comemorações civis, militares e eclesiásticas no Centro Velho. Mas, além de todas elas, havia é claro a nova igreja.

A nova catedral de São Paulo estava parcialmente construída no centro da Praça da Sé e assim foi inaugurada. Imponente, de uma arquitetura esquisita, assim era a Sé. E guardava os corpos dos fundadores da cidade e dos bispos mais importantes. Até hoje, estão enterrados em seu subsolo os restos do cacique Tibiriçá – que se aliou aos paulistanos na defesa da vila contra os ataques de tupis e carijós no século XVI –, e de Diogo Feijó – regente durante a menoridade de Dom Pedro II –, além dos bispos e arcebispos da cidade. Na inauguração, as torres que parecem querer tocar o céu ainda não estavam lá, mas os paulistanos ufanistas garantiam que, pronta, a igreja se tornaria uma das maiores do mundo, tão importante quanto a Notre Dame de Paris... Qualquer que fosse sua dimensão, para mim ela sempre seria a maior, a mais bonita, a melhor...

Talvez por isso eu tenha demorado a aceitar que já houvera outra catedral antes daquela monumental. Soube disso no dia em que meu pai me levou ao cinema Paratodos, na esquina das ruas Antonio de Godói e Santa Ifigênia. Lá, avistei um templo cinzento, encorpado e encaixado entre os arranha-céus. Suas paredes eram marcadas por pequenos furos. Meu pai disse que eram marcas de balas da Revolução de 1924, mais uma dos paulistas em favor da democracia. Santa Ifigênia foi a catedral temporária da capital, enquanto a nova matriz era erguida. Mas já ouvi falar também que a Igreja da Boa Morte assumiu o posto provisoriamente.

Não foi à toa que ficamos tão maravilhados com a nova catedral naqueles dias de 1954. São Paulo parece ter uma relação especial e antiga com sua igreja matriz. Segundo os "arqueólogos" paulistanos, o sonho de ter um templo central é quase tão antigo como a cidade. Já em 1588, os vereadores da pobre Vila de São Paulo de Piratininga já falavam no assunto – aliás, deixaram por escrito o desejo. Mas os tempos eram de grande escassez, vacas magras de verdade, e as obras só começaram dez anos depois. Passadas quase duas décadas, a matriz recebia seu acabamento. Em 1746, quando o primeiro bispo da cidade, Dom Bernardo Rodrigues Nogueira, pisou nestas paragens, ela já estava em escombros. Então, a reconstrução foi providenciada, contando com o esforço de toda a comunidade. É esta igreja, em estilo francamente colonial, que atravessou todo o século XIX. Pelo que podemos ver em desenhos e poucas fotos de época, era simples, como manda um franciscano, combinando com a singeleza da cidade. Mas era muito bonita e parecia acolhedora.

Pois essa graça arquitetônica e religiosa veio abaixo em 1911. A demolição pretendia dar lugar a uma catedral que representasse melhor a nova condição de metrópole em desenvolvimento, além de dar mais lugar ao corre-corre da Praça da Sé. Um homem hábil e forte levou adiante a ideia da igreja gigantesca: o arcebispo dom Duarte Leopoldo e Silva. Em 1912, ele foi o responsável por reunir as melhores e mais poderosas cabeças da cidade e concentrá-las em torno do projeto do templo que hoje conhecemos. Em 1913, foi lançada a pedra fundamental da obra. Mas não foi fácil seguir em frente. Ainda que a cidade já fosse a São Paulo que não pode parar do século XX, industrializada e promissora, os recursos nunca eram suficientes. Pudera: o novo projeto era muito ousado, em dimensão e riqueza de materiais e detalhes. Por isso, exigiu quatro décadas de esforço até a sua inauguração, em 1954 – e outros quarenta e oito anos para a realização completa do projeto.

No meio da festa quatrocentona, porém, o que nos importava é que a nova e majestosa catedral estava plantada no Centro Velho, perto de nossa casa, e que poderíamos visitá-la e exibi-la sempre que um parente viesse do interior para ver a capital. Havia a cripta, a concorrida missa de domingo, além das atrações externas, como comprar objetos religiosos nas casas especializadas da Praça da Sé e tirar fotos na escadaria que dava acesso ao imponente portal.

Pronta, a Sé ficaria entre os cinco maiores templos em estilo gótico do mundo. Mas ainda havia muito por fazer. Uma catedral, por exemplo, não podia ficar sem suas torres. Por isso, foi lançada uma campanha popular para juntar dinheiro para a obra e para os sinos. Nessa época, a imprensa apoiava totalmente a empreitada e repetia sem parar que o Brasil era o "maior país católico do mundo". Todas as crianças da Escola Paroquial Nossa Senhora da Paz, na Rua do Glicério, receberam uma cartela para recolher donativos. O ânimo era imenso, uma mistura de religião e ufanismo, um prazer coletivo por possuir uma catedral que seria a maior da América Latina e estava bem no Marco Zero. Um monumento indicativo dos pontos cardeais, um símbolo da pujança do povo paulista, responsável pelas Bandeiras, que deram ao país a dimensão continental que tem ainda hoje...

Nada disso adiantou, ao menos imediatamente. A Sé sobreviveu inacabada até 1999, quando um tijolo de sua estrutura despencou do teto, caindo perto do altar. A igreja foi interditada para obras. Na verdade, aquele foi um golpe de sorte. Em meio aos projetos de restauração, foram encontradas as plantas originais, elaboradas pelo arquiteto alemão Maximilian Hehl em 1912. Então, com um grande esforço de empresas e da comunidade, todos os ornamentos originais foram acrescentados e mais de 4 mil metros de rachaduras reparados. O lado mais visível da intervenção foi a construção dos catorze torreões que constavam dos desenhos de Hehl mas que nunca haviam sido realizados: são torres médias colocadas ao redor das duas gigantes da fachada e nas beiradas de todo o edifício. Em 2002, a Sé foi reinaugurada. Ajudou a recuperar a autoestima de parte da população. Imagino que os primeiros paulistanos, aqueles lá do século XVI que sonhavam com uma bela matriz para organizar suas vidas, também ficariam orgulhosos dela.

Acima, os pais de Heródoto, Irany e Augusto, e uma tia do lado paterno, Rosinha, em foto de 1942 tirada no Jardim da Luz. Ao lado, Heródoto com cerca de um ano de idade.

# Diversões

## Ferro-velho

Sei que parece estranho à primeira vista, mas ir a um ferro-velho é uma delícia. Eu não deixo de ir. Se me perguntam o que vou procurar lá, não sei responder. Compro o que me dá na telha. Vejo uma peça aqui, outra barra de aço ali, um perfil que pode ser transformado em uma estante, uma garrafa de vidro exótica... Vou juntando tudo lá no meu quintal e depois descubro que muita coisa não tem utilidade. Então, passa o caminhão do ferro-velho e leva tudo de volta. Não desisto, volto lá para novas compras. Acho até que já comprei duas vezes o mesmo objeto. Ao menos, esta é uma das críticas que ouço da Wal, minha mulher, e dos meus filhos, Mao e Gui.

Minha ligação com os ferros-velhos é culpa de São Paulo. Eu os frequento desde menino. Eu e um de meus irmãos juntávamos garrafas, metais (especialmente cobre, que era mais valioso), porcas, parafusos, tudo que encontrávamos nas ruas do Centro Velho, e vendíamos para o seu Manoel. Claro que tudo era escondido do meu pai, que achava isso uma coisa indigna da nossa família de classe média baixa. Mas nós nos arriscávamos. Levávamos tudo para o ferro-velho da Rua Tabatinguera, a menos de 300 metros da Praça da Sé, e conseguíamos alguns trocados para comprar umas balas ou chocolate. Nem era preciso andar muito: um pouco mais acima, na mesma rua, próximo à Rua do Carmo, perto da Igreja da Boa Morte, ficava a doceria do porão. Tratava-se de um vendedor de doces e balas irresistíveis que havia se instalado embaixo da casa de uma família famosa, que, segundo comentários, havia produzido até juízes e desembargadores...

Foi nessa época que, além de vendedor, virei também comprador de ferro-velho. Eu, meu irmão e outros moleques revirávamos as sucatas atrás de rolamentos, aquelas peças que servem de apoio para o eixo do carrinho de rolimã e que, quando velhas, começam a chiar e são logo trocadas. Sabedoria de moleque. O rolamento era uma joia, uma peça rara para a construção dos carrinhos de madeira que desciam as ruas do Centro Velho. Velhos tempos.

O Peixoto morava na mesma rua que eu. Ele era nosso engenheiro construtor. No dia em que colocamos nas mãos dele os maiores rolimãs que já havíamos visto na vida, nasceu uma maravilha: um carrinho para nove meninos sentados – Peixoto ao volante, e eu, de pé atrás, para equilibrar tudo com minha magreza de Stan Laurel. Era um bólido que voava calçada abaixo pelas ruas de paralelepípedos e provocava reclamações que iam bater no ouvido de nossas mães. E elas batiam em nós. Mas valia a pena. Botávamos o carrão em frente à Igreja do Carmo, eu soltava o freio (um pedaço de pau no rolimã de trás), o Peixoto se inclinava sobre o eixo direcional e... pau na máquina! Descíamos a Avenida Rangel Pestana a toda, competindo com os bondes que iam para Penha, Brás, Rubino de Oliveira, Belém. Nas proximidades do aristocrático Edifício Guarani, já no Parque Dom Pedro II, o Peixoto dobrava a esquina do Colégio Estadual de São Paulo para alcançarmos a Rua Frederico Alvarenga. Era uma missão suicida. O breque não conseguia segurar o peso de onze moleques, nem a direção virava. E todo mundo se estatelava no meio da rua, sem que ninguém fosse atropelado. Um ou outro raspão no joelho, no cotovelo, um galo na cabeça e só. Em seguida, carregávamos o carrão de volta para nova descida de aventuras.

De volta aos ferros-velhos. Confesso que eu e meu irmão revirávamos a Rua 25 de Março, a Rua do Gasômetro, a Rua das Carmelitas, a Rua Agassis, a Rua da Mooca, a Rua da Cantareira e a Ladeira Porto Geral em busca da sucata que garantiria as guloseimas do dia. Mas fazíamos isso com o maior cuidado. Quando passávamos pela Rua do Glicério e víamos a Igreja Nossa Senhora da Paz, mantida por italianos, pisávamos na ponta dos pés. Isso porque as professoras da Escola Paroquial e o diretor, o padre Mário, conheciam nosso pai e um único aviso desaguaria fatalmente em uma surra. Por isso, andávamos por ali com discrição, mas sem perder a ousadia. No triângulo formado pelas ruas dos Estudantes, Glicério e Oscar Cintra Godinho, havia um antigo terreno da Light que estava sendo transformado em pátio de construção de prédios: eis a nova mina de ferro abandonado. Juntávamos tudo e conseguíamos algumas poucas moedas.

Finalmente um dia encontramos um tesouro: uma grande peça de ferro jogada no meio da calçada, bem diante de um prédio em construção. Era tão grande e pesada que quase não podíamos empurrá-la, quanto mais levantá-la do chão. Então, armei um plano: arrumei uma corda grossa, e meu irmão, que era mais forte do que eu, começou a puxar a geringonça. Eu ia empurrando. Com imensa dificuldade, chegamos à esquina da Tabatinguera. Só faltava então empurrar nosso tesouro ladeira acima até o ferro-velho, que ficava no meio do quarteirão. Foi um sufoco, mas conseguimos. Juntamos dinheiro suficiente para comprar os chocolates mais caros da doceria do porão, os da Lacta, em forma de moedas, coisa que jamais havíamos colocado na boca.

Gastamos tudo, comemos quase tudo. O que sobrou fomos degustar na porta de casa e, aí, acho que demos uma escorregadela. Meu pai ficou desconfiado, perguntando-se onde diabos tínhamos conseguido dinheiro para aqueles doces. Eram umas cinco horas da tarde, mastigávamos as últimas jujubas, quando apareceu um homem e se dirigiu a meu pai:

— Você não viu dois meninos puxando uma máquina de ferro?

— Não — respondeu meu pai, que nos olhava de esguelha. Nós posávamos de "anjos de cara suja". — Por quê?

— Eles levaram a máquina do elevador, o guincho, e a obra está parada porque não temos como levar o material para cima...

## Parque Shangai

Não era bem um Playcenter, mas era o parque de diversões da cidade. Os "homens bons", acompanhados das mulheres e dos filhos, desciam de seus grandes carros pretos bem na porta de entrada do parque. Não passava pela cabeça de ninguém que morava na Baixada do Glicério – como eu – que qualquer um pudesse chegar de ônibus, comprar um ingresso e mergulhar no mundo de sonho e fantasia que alegrava as tardes e noites de sábados e domingos. Os alto-falantes instalados em postes por todos os lados anunciavam que os brinquedos e outros divertimentos estavam à disposição de quem tinha dinheiro para usufruir deles. "O Shangai não é para pobre", dizia minha mãe. E ela tinha toda a razão. No auge, na década de 1950, o local era destinado a pouca gente.

Meu pai chegava na porta do parque logo no início da tarde. Levava um saco de estopa branca nas costas e puxava uma bicicletinha, onde eu me equilibrava. Ele vendia bitter, fernet, vermute branco e tinto e licores para quem quisesse espantar o frio de junho com uma bebidinha mais em conta. Muitas vezes, fomos – ele a pé, e eu de velocípede – até a fábrica de bebidas Bandieri, numa travessa da Rua da Mooca, bem em frente do Colégio Estadual Firmino de Proença. Lá, comprava-se bebida sem selo, sem pagar imposto, portanto bem mais em conta. E isso alimentava o bar do meu pai. Os fiscais não nos davam folga. Era comum ele correr com o saco de garrafas e depois voltar para me buscar. Eu, porém, já estava vidrado em outra atração...

A porta do Shangai era inebriante na opinião de qualquer menino, independentemente de sua origem. A música, os palhaços convidando todos a entrar, os balões, o algodão-doce, tudo fazia a cabeça girar como a tartaruga, um brinquedo que corria loucamente sobre um trilho em forma de montanha-russa. Só os porteiros atrapalhavam, com sua insistência em pegar os ingressos. Ainda assim, era uma delícia ficar por ali, sentindo no ar o cheiro da pipoca quente. À noite, as luzes da entrada principal eram acesas e toda a frente do parque se tornava um imenso clarão.

Quase nada perturbava o encanto das diversões, as melhores de São Paulo na época, a não ser os bondes que passavam com suas rodas guinchando e avisando que ora seguiam para a Mooca, ora para o Ipiranga. Poucos carros circulavam à noite. Do lado de fora, era possível ver a imensa e paquidérmica roda-gigante que, quando se movia, dava a impressão de que todos iam ser arremessados no Tamanduateí. A montanha-russa ficava no fundo do Shangai. Dava para acompanhar a subida e a queda do carrinho até ele sumir atrás do muro, quando as pessoas gritavam de susto.

Entrar no parque não era fácil. Pular o muro, nem pensar. Era muito alto para um pirralho como eu. Esperar que meu pai me levasse, impossível: ele mal conseguia manter uma família de, àquela altura, três filhos. Talvez num dia especial, numa visita de colégio... Até que, certo dia, um mecânico chegou para tomar uma cerveja no bar do meu pai e se tornou nosso amigo.

Olhando para minha mãe e para mim, sempre atrás do balcão servindo fregueses, ele revelou que trabalhava na manutenção dos brinquedos do Shangai. Inesperadamente, ofereceu a meu pai uma cartela, que hoje chamaríamos de *passaporte*, com direito a usar uns dez ou doze brinquedos! Não me esqueço daquele *bilhete*: era amarelo, de papel fino, cada atração correspondendo a um quadradinho furado. Uma maravilha!

Pela primeira vez meu pai me levou ao Shangai. Sapatos pretos engraxados, meias curtas brancas, calças curtas azuis e camisa branca. Cabelo penteado com brilhantina. Era o meu uniforme escolar. Fui nos brinquedos mais leves: tartaruga, trem-fantasma, carrinho de trombada (ou batida), chapéu--mexicano, balança. Meu pai correu para aqueles que exigiam grande coragem, como o tira-prosa e o estratosférico, que viravam as pessoas de cabeça para baixo, e também para a montanha-russa, com seu grande pulo no tanque de água. Era um sonho andar no meio daquela gente bonita. Não me importava não poder sentar em um bar de lona e comer como a maioria das crianças fazia. Eu não fazia conta daquilo. Em uma viagem pelos sonhos como aquela não se sente fome nem sede. Confesso que passei a achar aquele generoso mecânico a pessoa mais amiga que jamais conhecera. Toda vez que vinha ao bar, eu ficava esperando uma cartela, que nem sempre aparecia. Pedir não fazia parte da minha coragem. Teria primeiro de passar pelo olhar severo do meu pai, e o olhar dele era realmente intransponível.

Depois, descobri que o Shangai abria pela manhã para manutenção, e o mecânico estava lá. Acostumei-me a ir lá e, sob o pretexto de dar a ele algum recado do meu pai, passei a frequentar o parque constantemente. Para mim, bastava passear entre os brinquedos, ou pegar carona em algum que era testado depois da manutenção.

Acompanhei a vida do Shangai mesmo durante sua decadência, que viria alguns anos mais tarde. Ainda assim, tinha respeito por ele e reparei que pessoas pobres começaram a frequentá-lo, o ingresso ficara mais barato, os brinquedos se deterioraram e foram sendo substituídos por atrações encontradas nos parquinhos da periferia da cidade, as músicas ficaram cada vez mais estridentes... Os bailes de Carnaval acabaram, e até meu pai deixou de se arriscar vendendo bebida na porta. Num belo dia da década de 1960, o Shangai parou, morreu. Por mais que tentasse, nunca descobri o que foi feito dos despojos da tartaruga.

## Televizinhos

Pode parecer ficção hoje. Mas, em meados da década de 1960, pouquíssimas casas tinham aparelho de TV. Sim, passada uma década e meia da primeira transmissão brasileira, em 1950, feita pela PRF3 TV Tupi canal 3, a partir aqui mesmo de São Paulo, a telinha ainda era artigo de luxo. Hoje, quem diria, quase 100% das casas têm ao menos um aparelho e é comum residências que espalham vários deles pelos diferentes cômodos. Minhas primeiras lembranças da TV na Baixada do Glicério são aquelas caixas enormes feitas de madeira de lei que deixariam os ambientalistas e os telespectadores atuais de cabelos em pé, além de um tanto desapontados. Afinal, as imagens eram feitas em preto e branco e as telas não raramente exibiam mais chuvisco do que imagens dos programas.

Ainda assim, a TV era um sonho, um veículo mágico, capaz de entreter e acabar com o velho costume de juntar cadeiras na calçada à noite para bater papo e falar mal da vida alheia. É verdade que os serões nas ruas, principalmente durante o verão, resistiram o quanto puderam à tentação televisiva, afinal as notícias oferecidas nas rodinhas de rua eram picantes – com destaque para traições matrimoniais e coisas do gênero. As novelas ainda não tinham monopolizado a vida noturna do paulistano porque nem todos entendiam os teleteatros televisados.

Dona Julinha era a única moradora da minha rua que tinha um aparelho de TV. Era uma imponente e magnética

Philco de dezessete polegadas, que elegantemente ocupava um canto da grande sala da velha casa. Na época, considerávamos dona Julinha rica. Afinal, o marido dela, seu Sebastião, era funcionário aposentado dos Correios, andava sempre de terno e colete e equilibrava um chapéu-coco sobre um corpo fino como bambu. Dona Julinha era gorda, tinha grandes papadas, cheirava a talco e falava o português escorreito, próprio de uma professora aposentada do ensino secundário. Não tinham filhos, coisa rara para a época. Fato comum era conhecer uma pessoa e logo emendar a pergunta: "Quantos filhos você tem?" ou "Quantos irmãos?". Era rara a família com apenas um ou dois filhos.

De volta à TV... Bastou um único convite de dona Julinha para que a molecada da rua criasse a figura do *televizinho*. Lá pelas sete horas da noite, logo após as rezas na Igreja da Boa Morte, a criançada de banho tomado, cabelo penteado e pijama de flanela comprada na Rua 25 de Março se juntava na sala de dona Julinha bem diante da TV. Professora aposentada, paciente e generosa com os seus televizinhos, dona Julinha aproveitava a visita para educar a molecada: sempre que alguém maltratava o idioma, ela rapidamente fazia a correção, de uma forma dócil e simples, sem floreios nem presunção.

Aquelas reuniões deliciosas na sala de dona Julinha, diante daquela tela mágica emitindo imagens e sons, foram a marca de um novo tempo. A partir dali, aquela caixa hipnotizadora não abandonaria mais nossas vidas. Ao contrário, de certa forma mudaria um pouco o ritmo delas.

Por suas características próprias, o Centro Velho não tinha ruas de chão, como ocorre até hoje na periferia da cidade. Portanto, era difícil arrumar barro para brincar, fazer bonecos ou mesmo bolas para serem usadas como "munição" nos estilingues. Os carros atrapalhavam as brincadeiras e era perigoso sair correndo atrás de um balão ou de uma pipa. Atropelamentos eram comuns. Também eram frequentes os arranhões em quem pulava muros ou subia em prédios em construção. As surras por causa desses "abusos" acompanhavam a mesma frequência. As pipas, por sua vez, eram capturadas pelos fios elétricos, esticados de um lado a outro da rua, e morriam ali mesmo. Era raro conseguir empinar um papagaio, era preciso procurar uma praça ou um jardim, lugares que foram desaparecendo com o adensamento das construções, dos veículos e da gente da região central. Os jogos de bola ocorriam nas ruas de menor movimento de carros, e as traves eram feitas de paralelepípedos. Toda hora, porém, era necessário suspender a peleja devido a um carro que molestava nossa partida, atravessando nosso gramado imaginário. Ainda assim, era possível brincar de pião, bater figurinhas, passar anel, cachuleta, enfim, era possível reproduzir na rua os jogos aprendidos na escola. De maneira geral, porém, tudo era mais difícil para uma criança do Centro Velho.

A necessidade de trabalhar para ajudar os pais e as reclamações dos vizinhos aos poucos sufocaram as brincadeiras de roda e jogaram crianças e jovens diante da TV. Os folguedos tradicionais se perderam, primeiro no Centro Velho e depois também na periferia. Os campos de várzea iam rareando e de uma só tacada metade de Várzea do Glicério sumiu com a construção, pelo governo federal, de prédios populares que estão lá até hoje. E metade sucumbiu diante dos prédios administrativos da Previdência Social. Quem queria jogar bola tinha de ir até a Várzea do Cambuci, na confluência da Rua da Independência com a Avenida Dom Pedro I. Esta também durou pouco: lá, tempos mais tarde, seria instalado o Comando da Aeronáutica, além de uma infinidade de prédios comerciais.

A TV entrou na cabeça da meninada aos poucos, e de forma definitiva. Já o português afiado de dona Julinha, nem tanto...


## Pulguentos e charmosos

Garantiram-me que Oswaldo Brandão, o grande técnico de futebol, foi porteiro do Cine Santa Helena, na Praça da Sé.

Não se pode confundir o Santa Helena, no Palácio Santa Helena, com seu concorrente Cinemundi, que ficava ao lado e num piso inferior. Nem se pode confundir também a época em que o Brandão dirigiu o Palmeiras com o período em que comandou o Corinthians. Este foi o seu verdadeiro período de glória. A ele, diga-se, é atribuída uma resposta antológica a um repórter esportivo que lhe perguntara como, afinal, vira determinada partida: "Com os olhos", disse o arguto Brandão.

O circuito dos cinemas populares concentrava pessoas que vinham dos bairros para passear no Centro Velho. Era um grande cruzamento de gente, ideias, angústias, esperanças e alegria por poder passear pela região dos grandes arranha-céus. Muitas pessoas ficavam pelo meio do caminho nos sábados à noite, ou nas tardes de domingo, atraídas pelos baixos preços dos cinemas periféricos do centro, que apresentavam dois filmes pelo preço de um. E, de quebra, além dos trailers, um capítulo de seriado, às vezes *Zorro*, outras *Capitão Marvel* ou *Super-Homem*. Uma baciada oferecida para quem vinha da Mooca aos cines Roma e Santo Antônio, na Rua da Mooca. Quem vinha da Penha e de toda a região Leste pelas avenidas Celso Garcia e Rangel Pestana, preferencialmente de bonde, podia optar pelo Universo ou pelo Piratininga. Este ostentava o garboso título de maior cinema do Brasil. Depois, foi convertido em estacionamento (se o Mazzaropi soubesse...). Quem viesse pela Rua do Gasômetro podia descer no Brás Politeama, instalado num belíssimo prédio do começo do século, com pátio interno. Era possível continuar até o Itapura, bem ao lado do Parque Shangai, mas aí era preciso ter dinheiro. O Cine Itapura fazia parte do circuito MGM, por isso era mais caro e só apresentava um filme por vez. Às vezes valia a pena, como, por exemplo, para assistir a *Quo vadis*, com Robert Taylor e o grande Peter Ustinov no papel de Nero.

Pouca gente se arriscava a entrar no Cine Joia, na Praça Carlos Gomes, bem pertinho da Avenida Liberdade. Era o cinema japonês, e, em plenos anos 1960, ninguém se arriscava a ver um filme de língua desconhecida, num tempo em que poucos sabiam quem era Toshiro Mifune ou Akira Kurosawa. Para os que desciam dos ônibus fumacentos na Praça da Sé, havia a alternativa de pegar um filminho no Alhambra, em plena Rua Direita, ou prosseguir até o Anhangabaú. Lá estavam os populares: de um lado o Nilo e, de outro, o Dom Pedro II. Este, no térreo de um velho palacete todo decorado, era originalmente um teatro com cadeiras de madeira sem estofamento. Afinal, as estofadas eram reservadas para os cinemas de elite.

O povo que vinha da Zona Norte desembarcava na Avenida Cásper Líbero, bem em frente da sede do jornal *A Gazeta*. Na esquina da Rua Santa Ifigênia havia o Cine Paratodos, num canto; no outro, ficava – e ainda fica – a igreja que leva o nome da rua, já foi catedral de São Paulo e guarda até hoje nas paredes os buracos de bala da Revolução Paulista de 1932. Na outra ponta, o prédio do Quarto Comando Aéreo, ao lado do hotel que encosta no Viaduto Santa Ifigênia.

Tinha cinema para todo lado, todo preço e vestimenta. Com terno e gravata, era possível entrar no Cine República, ou no Ritz, ou mesmo no Normandie, na Rua Dom José de Barros. Com "roupa comum", era possível entrar no Broadway, ou no Oásis, ambos na Avenida São João, onde ficava também o Metro – mas, para frequentar este último, só de *fato completo*, como diziam os velhos portugueses da cidade.

Os cinemas populares, que cercavam as salas nobres da Cinelândia e se misturavam a elas, eram carinhosamente chamados de *pulgueiros*. Nunca descobri exatamente por qual razão. Talvez pelas pulgas que insistiam em permanecer sessão após sessão no escuro. Cá comigo, porém, acredito que isso se devia mais às cadeiras de madeira, às *bonbonnières* com guloseimas baratas, aos cartazes anunciando sessões duplas, aos banheiros limpos mas mal conservados, aos lustres provincianos. Enfim, à falta de requinte das salas destinadas aos que trajavam paletó e gravata. Nada de piano ou música de câmara antes do filme, apenas o burburinho de pessoas ansiosas para saber como o herói do seriado se safaria da última maldade do bandidão. Eram salas humildes, mas charmosas, a maioria delas alcançadas por transporte público, e ninguém se envergonhava de descer defronte delas trazido por um bonde ou um ônibus da CMTC – a velha Companhia Municipal de Transportes Coletivos. Afinal, naquela época, as pessoas ainda eram transportadas com dignidade por motoristas e cobradores de quepe, paletó e gravata.

## Patuleia desvairada

A esquina da Avenida Rangel Pestana com o Parque Dom Pedro II foi conhecida por várias atividades. Pequeno comércio de rua, instalação de cursos livres para quem não tinha escolaridade oficial e sede provisória do Partido Comunista Brasileiro, o Partidão. A primeira vez que entrei no prédio erguido naquela esquina mítica foi para falar com o "Turco", Abdala Aschar, um comunista histórico que morava nos prédios recém-construídos da Rua Oscar Cintra Godinho, travessa da Conde de Sarzedas, também no coração de São Paulo. Esses prédios tinham apartamentos minúsculos, para solteirões como o Abdala, ou para as prostitutas que migraram da zona da Rua Aurora e cercanias para a Baixada do Glicério. Eram carinhosamente chamados de "treme-treme", uma expressão cujo significado minha mãe sempre se recusou a explicar.

Na sede do Partidão, havia um mimeógrafo a álcool, ou melhor, à gelatina, uma maravilha capaz de reproduzir uma impressão. "Bom para fazer panfletagem", dizia o Turco, "principalmente nas épocas de agitação política". Foi o meu primeiro contato com a imprensa: aquele mimeógrafo maravilhoso poderia ser usado para fazer um jornalzinho de uma única página e ser distribuído na escola, tudo sob a orientação do "comissário" Abdala, é claro. Talvez devido a essa aventura juvenil prestes a começar, Abdala nunca mais saiu da minha vida, aparecendo ora como conselheiro político, ora como informante dos bastidores dos partidos de esquerda pelos quais passou. O Turco tinha uma velha moto vermelha com a qual revirava o Centro Velho com panfletos do Partidão para distribuir nos pontos de ônibus. Graças a ele, ganhei uma xilogravura do Portinari, representando o Cavaleiro da Esperança, o líder comunista Luís Carlos Prestes. Era para ajudar nas finanças do Partidão, dizia ele orgulhoso. Era um idealista, um comunista de coração, e, por isso, foi preso, apanhou e ficou mofando no DOI-Codi, o famigerado Destacamento de Operações de Informações-Centro de Operações de Defesa Interna, na prática o aparelho de repressão da ditadura militar.

Meu segundo contato com a imprensa foi decorrência de uma aventura estudantil. Eu frequentava o Colégio Estadual Anne Frank, na Avenida Rangel Pestana, a um quilômetro da sede do Partidão, e durante o dia trabalhava como mensageiro. Então pedi transferência para o Colégio Estadual Roldão Lopes de Barros, na Rua Ana Néri, no Cambuci. Mal cheguei à nova escola, fui recebido por uma greve de alunos. Os colegas do último ano do ensino médio protestavam porque os banheiros do velho prédio estavam entupidos, e o cheiro fétido chegava a todas as salas. O que fazer? A diretora do Roldão, dona Maria Aparecida, ameaçava suspender a classe e fazer todos perderem o ano, inclusive eu. Para clarear a situação, marquei uma reunião com o Abdala no Parque Dom Pedro II. Ele foi direto ao assunto: "Vocês devem procurar o jornal", aconselhou. Os líderes do movimento estudantil, Adalberto e Agostinho, reagiram com um imediato e enérgico "Vamos procurar a *Folha*!".

O jornal *Folha da Manhã* realmente publicou a reportagem e todos entenderam por que, naquele dia, a diretora entrou na sala de aula gritando como uma destrambelhada, decidida a suspender toda a classe. A delegada de ensino entrou na parada e, quando voltamos às aulas, anistiados graças à repercussão jornalística, a classe parecia sentir que um novo momento havia começado. Tanto assim que não conteve o riso quando trombou novamente com um dos velhos procedimentos da escola: a professora de canto orfeônico, a bravíssima dona Rita, regendo o *Hino Nacional* no pátio. Dali em diante, a classe decidiu ter seu próprio jornal, e o caminho para concretizar o projeto era procurar novamente o Abdala.

Organizar um jornal estudantil que comentasse a situação política do Brasil, as lutas entre esquerda e direita e o governo cambaleante do presidente João Goulart era tudo o que Abdala queria. Era uma forma de promover a conscientização política dos jovens e incentivá-los a participar da UNE – a União Nacional dos Estudantes. Muitos poderiam ser cooptados como simpatizantes do PCB e, quem sabe, mais tarde se tornariam militantes políticos. Os assuntos ligados à organização do jornal, à divisão de tarefas, à pauta, à impressão e a outras providências foram discutidas em intermináveis reuniões na sede de um curso livre na Rua Barão de Itapetininga. O proprietário também era do Partidão e cedia as instalações. Os jovens vinham de várias regiões da cidade, mas a maioria era mesmo do Centro, como eu, ou do Cambuci, do Ipiranga e da Aclimação. Ficou combinado que o mimeógrafo a ser usado era o do Partidão. Eles tinham um moderníssimo Gestetner, que funcionava manualmente com um estêncil saído direto da máquina de escrever. Um equipamento capaz de tirar cerca de trezentas cópias e imprimir na frente e no verso do papel para economizar. Para comprar uma caixa de estêncil foi necessário fazer uma vaquinha. E lá foi uma parte da mesada que meu pai me dava...

A maior discussão acerca do jornal se deu para definir o nome. Uns sugeriram *Iskra*, outros *Gramna*, outros ainda *Izvestia*, ou *Pravda*. Venceu *O Espeto*, que, segundo os teóricos marxistas-leninistas-stalinistas tupiniquins presentes, seria um símbolo da estocada que todos queríamos dar na classe dominante brasileira.

Definido o nome e recolhidos os artigos, a primeira impressão teve de ser feita em minha casa, uma vez que a sede do

Partidão era um local muito visado e, portanto, arriscado. Abdala estava preocupadíssimo com a integridade do caríssimo Gestetener, fruto do suor dos camaradas. Nunca mais saiu de lá. Uma vez por semana, era aquela sujeirada de tinta e papel quando o estêncil chegava de uma copiadora da Rua São Bento. *O Espeto* tinha até charge e, por isso, era preciso um tratamento especial. O esquema de distribuição começava com a armazenagem dos exemplares na casa do Agostinho, na esquina da Rua Ana Néri com a Clímaco Barbosa. Eu e meu irmão Hipócrates chegávamos bem antes das aulas começarem, entrávamos nas classes e deixávamos um exemplar sob cada carteira, no local destinado ao material escolar. Quando a moçada entrava, encontrava *O Espeto* e lia antes mesmo da primeira aula. As seções de maior popularidade eram as dedicadas à poesia, às fofocas (quem namorava quem...), às charges e às notícias do colégio. Política não tinha lá grande audiência, mas o Abdala dizia que não tinha importância, que era assim mesmo, afinal, segundo ele, uma marcha de 5 mil quilômetros começava com o primeiro passo. A impressão que tínhamos é que Abdala parafraseava alguém quando dizia essas coisas...

As primeiras edições de *O Espeto* foram tranquilas. Mas assim que as notícias da escola começaram a mexer com a diretora, o secretário de Educação, o Centro do Professorado, a qualidade das aulas, a situação esquentou. A direção incumbiu dona Rita de descobrir quem era o responsável pelo panfleto "nojento" que em toda edição trazia uma crítica à escola. "Era preciso parar *O Espeto* antes que ele chegasse ao conhecimento de autoridades escolares", pensavam. Assim, ficou cada vez mais difícil distribuí-lo. Os bedéis da escola, seu Miguel e dona Zoé, estavam atentos. Era preciso adotar uma nova estratégia de distribuição e ninguém poderia fazê-lo melhor do que o Abdala.

Fez-se uma nova reunião. O Abdala mostrou sua estratégia: contou que, para distribuir os panfletos do Partidão, escondia uns duzentos sob a camisa e ia à loja do Mappin, bem em frente do Theatro Municipal, na Praça Ramos de Azevedo.

Não usava elevador e, se não houvesse ninguém por perto, deixava, a cada andar, um pacotinho contendo exemplares no corrimão da escada. No banheiro, molhava o resto da edição na pia e colocava os exemplares no lado de fora da janela. À medida que iam secando, o vento se incumbia de espalhá-los pela Rua Líbero Badaró, pelo Viaduto do Chá, pela Praça Ramos de Azevedo e cercanias.

Decidimos imitar a tática vencedora. A velha escada do Roldão Lopes de Oliveira que dava acesso ao andar superior recebia o seu pacotinho antes do intervalo e logo *O Espeto* se espalhava pelo pátio. Da janela do banheiro, voavam os exemplares umedecidos que iam secando aos poucos. Muitos iam parar sobre os telhados vizinhos e se perdiam. Mas o jornalzinho circulava e aumentava a fúria da direção. *O Espeto* circulou até o dia em que meu irmão foi apanhado em flagrante com um maço de exemplares sob a camisa. Fomos convidados a mudar de escola. Deixei o Cambuci e fui parar no Jardim da Saúde. Diariamente, tomava o bonde que saía da Praça João Mendes rumo à Zona Sul e, aos poucos, descobria novos prazeres nessa viagem, como você verá no capítulo "A última viagem do bonde do Magrão".

Roteiro sentimental

Catedral da Sé.

# Praça da Sé

Passei pela Praça da Sé tantas vezes que o padre Anchieta já havia se tornado familiar para mim. Era o *Zé de Anchieta*. Depois, passei a chamá-lo *Zé*. Talvez tenha sido por essa razão que levaram sua estátua de lá.

O padre ficava no alto de um bloco de granito e, de lá, provavelmente observava o crescimento da cidade. Por um período, foi transferido para um canto do jardim da Assembleia Legislativa, no Ibirapuera, mas já está de volta a seu posto. Ao menos, durante esse retiro, ele não assistiu ao assassinato arquitetônico do coração do Centro Velho, a velha Sé. Ou, quem sabe, os administradores locais tenham apenas desejado poupar a imagem do velho jesuíta da violenta poluição proveniente dos fumacentos ônibus da CMTC. Eles faziam ponto em torno da praça e disputavam lugar com os grandes e espaçosos carrões americanos daqueles anos de 1950 e 1960.

Naquele tempo, a catedral já havia adquirido sua forma final, com torres góticas apontando para o céu, e a praça já não era mais adequada a grandes concentrações como no passado.

Nessas horas, assumimos um certo tom piegas e lamentamos que as coisas da cidade tenham mudado. É só observar outras cidades do mundo para constatar que, em regra, o local da fundação costuma ser tratado como verdadeiro santuário; por aqui, não foi e não é bem assim. Alguém convenceu os moradores da cidade que progresso é igual a derrubar tudo e construir arranha-céus. Em nome dessa pseudomodernidade, não só a Sé, mas todo o Centro foi dilapidado de sua história.

Os gigantescos comícios eleitorais que contrapunham os populistas Jânio Quadros e Adhemar de Barros eram realizados na Praça Roosevelt, porque lá não atrapalhavam o trânsito nem a chegada dos ônibus vermelhos e creme. Acho que a mudança na configuração da Sé foi uma tática para tirar o povo de lá, para impedir que protestos como o dos anarquistas, em 1917, o dos constitucionalistas, em 1932, e o dos comunistas ocorressem na principal praça da cidade, em frente da catedral, diante da magnífica sede da Caixa Econômica Federal e dos palacetes que ostentavam elevadores com portas pantográficas. Era o cenário ideal para um debate público, ou uma concentração contra o governo. Não adiantou implantar ponto de ônibus na Sé. As manifestações mais importantes voltaram a ocorrer lá, quisessem ou não os diferentes governos.

Lembro-me vagamente de uma passeata de trabalhadores gritando *slogans* contra os Estados Unidos, em 1954. Levado pelo meu pai até a praça, não entendia muito bem por que haviam matado o presidente Getúlio Vargas. Meu pai dizia que ele era um grande homem, e, como eu, não compreendia as razões daquela morte. Já a manifestação contra o golpe de Estado que depôs Jânio Quadros, em 1961 (outra vez os americanos), eu acompanhei sozinho, empurrado por uma multidão que gritava coisas ainda incompreensíveis para mim. Eu já andava de um lado para o outro da praça, entregando cartas e duplicatas, quando me deparei com uma imensa passeata que cortava o Viaduto do Chá. Gritavam palavras de ordem contra o presidente João Goulart, a quem acusavam de comunista, e pediam sua deposição. Era a Marcha da Família com Deus pela Liberdade. Desfilavam as senhoras católicas, a elite paulistana, o clero, os conservadores, os funcionários de gravata e paletó e todos aqueles que julgavam que a "família" corria sério risco diante da iminente "comunização" do país. São Paulo, em 1964, ao contrário de 1932, apoiava um golpe de Estado. Com o apoio da imprensa, é claro.

Havia também espaço para alegria na Praça da Sé. Em 1962, o Brasil podia ser bicampeão mundial de futebol, no Chile. O país vivia uma euforia nunca vista com o futebol. Era uma verdadeira redenção nacional, e ninguém podia ficar de fora da disputa. Não havia chance, porém, de se concentrar nos bares ou em casas de amigos para ver o jogo na TV. Afinal, ainda não havia transmissão das imagens da Copa, só do som.

No calor daquela jornada canarinha, eu vinha colecionando figurinhas dos craques em álbuns escondidos e possuía até algumas carimbadas, dificílimas, que poucos meninos possuíam – eu as havia conquistado num jogo de bafo. Esse, aliás, talvez fosse o único jogo em que eu levava alguma vantagem sobre os outros moleques.

A Rádio Bandeirantes anunciara a instalação de um painel eletrônico na Praça da Sé, onde os torcedores da seleção poderiam "ver" as jogadas de Pelé, Amarildo, Garrincha e os voos do grande goleiro Gilmar dos Santos Neves. Corri para lá, mas confesso que fiquei decepcionado quando vi um grande painel erguido em frente da escadaria da catedral, com pequenas luzes na posição de cada jogador: eram 22 luzes, metade de cada cor. Ao lado, um furgão sustentava um potente amplificador e cornetas que reproduziam o milagre do som que chegava do Chile. Pedro Luís narrava a partida, e um técnico fazia as luzinhas acenderem no painel mostrando o lugar presumível onde a bola deveria estar. Todos ficavam olhando para cima, ouvindo a narração, vendo as bolinhas acenderem, e a imaginação corria solta no meio dos gritos de júbilo com cada gol da seleção canarinho... Havia ainda um arrepio coletivo quan-

Meu velho Centro 83

do a meta do Brasil corria risco. A final da Copa foi num domingo à tarde, cheio de sol de junho, com grandes comemorações pela conquista do bi. A velha Sé foi pequena para tanto povo e tanta comemoração. Nunca me esqueci da praça por causa do futebol.

Levantado o caneco, porém, regressou a política. A Sé teimava em ser o local dos protestos e das pancadarias, ora promovidas pela Força Pública, ora pela Guarda Civil. Anos depois, já sob o regime militar, a oposição conseguiu juntar o povo para protestar contra a ditadura, e o melhor dia para isso era o 1º de maio. O governo autoritário se apropriara da data e transformara a comemoração em uma festa governamental. Era melhor fazer uma coisa dirigida do que se arriscar a permitir uma manifestação contra o regime, calculavam. Em 1968, o governador Abreu Sodré, obediente às determinações federais, mandou montar um grande palanque para a data. Ficava bem em frente das escadarias da catedral. Eu estava no meio dos estudantes, pressionado contra uma grossa corda que separava a multidão do palanque. Começou a discurseira... O povo vaiava e gritava abaixo a ditadura. Muita gente levantava cartazes presos a pedaços compridos de madeira com frases contra o governo. A pressão foi tanta que fomos todos arremessados contra o palanque. As autoridades começaram a fugir, engolidas pela massa. Um dos que seguravam cartaz deu uma paulada na cabeça do governador. De cabeça sangrando e seguido pela comitiva de autoridades civis, militares e eclesiásticas, ele fugiu para dentro da catedral. Mais uma vez a Sé ficou nas mãos do povo.

As últimas manifestações que vi na praça estavam ligadas às transformações políticas no Brasil. Uma delas foi na própria catedral, o culto ecumênico dirigido pelo cardeal Dom Paulo Evaristo Arns, pela morte do jornalista Vladimir Herzog, em 1975. Outra foi o grande comício das Diretas-Já, em 1984, capitaneado pelo grande radialista Osmar Santos, em plena ditadura militar.

# Rua Direita

Nada se parece com a Rua Direita, que liga a Praça da Sé à Praça do Patriarca. Deve ter, no máximo, uns 300 metros, e desde que a conheço é a rua de maior trânsito de pessoas de São Paulo. Ela confirma o axioma de que a menor distância entre duas praças é uma rua reta, ou direita. Por que dar uma volta pela Rua 15 de Novembro, ou pela José Bonifácio, se é possível ir pelo caminho mais curto? O que leva tantas pessoas a andar pela Rua Direita? Será que ela acolhe tanta gente porque tem muitas lojas, ou tem muitas lojas porque serve a tanta gente? As lojas sempre foram pontos de atração do pedestre que atravessava a cidade. Mesmo os mensageiros ou *office boys* como eu gostavam de mostrar habilidade ao andar depressa no meio do povaréu que passeava vendo as vitrines das lojas ou parava para comprar um refresco ou uma guloseima. Sempre havia um carrinho de chá gelado para não deixar ninguém passar sede.

Na década de 1960, grandes eventos ocorriam na Rua Direita – que, diga-se, era e ainda é torta. (Esta era uma das perguntas que minha mãe nunca soube me responder: por que a Rua Direita sofre uma leve mudança de rumo em seu trajeto?) As lojas Eron vendiam carnês de compra de peças de tecido – na época, era assim que se conseguia financiar um bem de consumo – e bilhetes de sorteio de carrões americanos tipo rabo de peixe, que enchiam os olhos e a imaginação da multidão. Afinal, o sorteio era auditado pela insuspeitabilíssima Receita Federal. Lá estava também sempre estacionado o carro do andarilho vegetariano, com uma tabuleta que explicava que comer carne era ruim para a saúde e que as toxinas prejudicavam os intestinos. Quem optasse por comprar bilhetes da Loteria Federal poderia fazê-lo em uma lotérica bem no meio do principal quarteirão. Significativamente, a casa se chamava O Buda da Sorte. A estátua de um gordão dourado, barrigudão, com um imenso sorriso era o símbolo da sorte. As pessoas passavam a mão na barriga dele e, com isso, tinham mais sorte. Só depois de muito tempo, e de mergulhar na seita Soto Zen Shu, é que vim a saber que o tal personagem não era o Buda, mas sim o deus Jô Gô e que nada tinha a ver com o nome da loja.

A Rua Direita comportava um mar de gente. Talvez por isso as manifestações políticas nunca passavam por ela. Geralmente percorriam a Rua Boa Vista ou a 15 de Novembro, sede dos bancos nacionais e estrangeiros, alvo de xingamentos e frases de efeito como: "Abaixo os banqueiros tubarões". Lembro-me de ter participado de uma passeata em que se gritaram palavras muito duras à porta de um grande banco da Rua 15 de Novembro, mas poupou-se um pequenino – o Banco Brasileiro de Descontos, que tinha uma sede simples perto dos gigantes do Centro Velho. Anos depois, aquele banquinho se transformaria em outro titã: o Bradesco.

A Rádio Record tinha o privilégio de estar na esquina da Rua Direita com a José Bonifácio e seus alto-falantes despejavam sobre o povo música e programas de auditório. Ao lado, ficava a Casa Manon, que vendia instrumentos musicais e uns papéis pautados, cheios de desenhos, que mais tarde vim a entender serem músicas lá registradas. Quando passava pelo prédio cinzento da rádio, ficava imaginando onde estaria Charutinho, o herói da *História das Malocas*, que se passava no Morro do Piolho e era escrita por Oswaldo Moles. As histórias eram apresentadas às sextas-feiras e sempre terminavam com o bordão do herói Charutinho/Adoniran: "É como diz o ditado: urubu, quando está azarado, o de cima cospe no de baixo". Nunca vi meu herói por lá. Um pouco adiante, na mesma calçada, em direção à Praça do Patriarca, havia um templo de herói: o Alhambra. Um cinemão antigo, bem no meio da Rua Direita, que exibia filmes de bangue-bangue em sessões corridas e imperdíveis. Garotos que viviam de entregar cartas e correr atrás de bancos lotavam o Alhambra quando havia um festival de *O Gordo e o Magro*. Todas as entregas atrasavam nesses dias.

Gente vinha do interior para conhecer o coração da cidade que não podia parar, como dizia o slogan dos quatrocentos anos de São Paulo. E, para fazer compras, é claro, o lugar era a Rua Direita, com suas lojas de roupas e calçados, a Loja da China. Ou mesmo conhecer a delícia de andar no meio das mercadorias à venda como se fazia nas Lojas Americanas. De quebra, uma passadinha na Drogasil para se pesar de graça. Era um charme.

De dia, trabalho; à noite, desolação. Pouquíssimas pessoas pela rua, numa época em que era seguro andar pelo Centro Velho a qualquer hora. Nada de assaltos. Nas minhas andanças, nunca vi uma correria por causa de gatunos batedores de carteira. Em compensação, aos sábados, a Rua Direita não tinha descanso, dia e noite. Quem ia à Cinelândia ocupava a rua, e o *footing*, como em uma pequena cidade do interior, não tinha hora para acabar. Ela se tornava a rua da paquera.

Em pé, de camisa listrada, o famoso Bodinho, um dos tipos inesquecíveis do Centro, com Heródoto à sua direita e Hipócrates à esquerda. Os demais eram amigos da época. A cachorrinha diante da mulher sentada na grama é a Macaca, que tinha esse nome porque adorava banana.

Heródoto aos 8 anos, aluno do segundo ano da Escola Nossa Sra. da Paz. A foto é de 1954, ano do IV Centenário da cidade de São Paulo.

# O quadrilátero do pecado

O carnaval de São Paulo migrou do Centro Velho para a Avenida Tiradentes, na década de 1960, e, já nos anos 1990, para o Sambódromo paulistano – uma imitação mal explicada da autêntica passarela do samba do Rio. Não se trata de um saudosismo piegas, nem de comparar coisas diferentes, nem mesmo de repetir aquela frase desgastada: "No meu tempo era muito melhor...". O Centro Velho foi sede de um autêntico carnaval popular, com as escolas de samba ainda verdadeiramente amadoras e o público espremido nas calçadas da Cinelândia. Nada de cronômetro, nem de puxador de samba oficial que virou estrela, nem jurados *socialites* que nada entendem de cultura popular, nem venda antecipada de ingressos, nem espetáculo montado para a TV. Os autênticos sambistas paulistanos, negros e brancos, faziam gingas e levavam o samba no pé diante de uma plateia constituída em sua maioria de pessoas simples que vinham dos bairros. Nada de esperar que as luzes das câmeras se acendessem para começar o samba e o requebrado das passistas, que eram sensuais mesmo não sendo mostradas nas poses ginecológicas da era da TV.

O embrião das escolas de samba desfilava pela Avenida São João, cruzava gloriosamente a Avenida Ipiranga e perdia-se lá pelos lados da Praça Júlio de Mesquita. Vinha gente do interior para ver a avenida que tinha prédios altos e em cuja cabeceira despontavam o Edifício Martinelli, os prédios do Banespa e do Banco do Brasil. Os bondes subiam e desciam a avenida mais famosa de São Paulo, em uma época em que ainda não havia sido desbancada pela Avenida Paulista – que ainda abrigava casarões dos barões do café. Confesso que nunca vi um barão desfilando por lá. Para um mensageiro como eu, que apreciava o carnaval e o desfile anual de bandas promovido pela Rádio Record, estimulado pelo programa *Bandas de Todas as Bandas*, organizado pelo comendador Siqueira – outro personagem que só vim a conhecer quando a Record ganhou imagem –, havia um mistério na avenida. Os adultos, entre eles meus pais, reprovavam andanças na Avenida São João para além do cruzamento com a Ipiranga. Diziam que lá ficavam as mulheres de vida fácil e seus cafetões, e, portanto, havia perigo. Os prédios ainda não deteriorados abrigavam os prostíbulos, que Linécio Carneiro teimava em chamar de *rendevu*, ou casa de tolerância, como dizia meu pai. Só bem mais tarde soube que o termo era *rendez-vous*, ou encontro, e nada tinha de pornográfico, como insinuavam as senhoras que frequentavam a igreja do Largo do Paissandu.

Nada de violência. Apenas povo andando de um lado para o outro, homens conversando com as meninas de programa, perguntando quanto valia o *michê* ou convidando as mais bonitas para ir ao Dancing da Avenida Ipiranga. O quadrilátero do pecado tinha a Avenida São João como um dos seus lados. Os outros eram a Avenida Duque de Caxias, a Avenida Ipiranga e o fundão ninguém sabia se era a Rua Santa Ifigênia ou a Avenida Cásper Líbero. O fato é que todos sabiam que lá estava localizada a zona do meretrício de São Paulo, depois que as polacas foram expulsas do bairro do Bom Retiro e da Rua das Tabocas. Os antigos diziam que a polícia havia acabado com a zona, no entanto era difícil entender como toda a prostituição funcionava no centro sem nenhuma reação mais séria. O doutor Dante, médico voluntário e professor da Faculdade de Medicina da USP, juntava seus alunos e fazia exames gratuitos nas mulheres. Ele ensinava que doenças como o tifo eram diagnosticadas pelo olfato. Quem não fosse capaz de fazer isso não passava na sua disciplina.

Os velhos palacetes da Avenida São João eram habitados por pessoas distintas, comerciantes, funcionários públicos, militares de patente, bancários de paletó e gravata, viúvas que viviam de pensões dignas, enfim, representantes da classe média paulistana nascente que aproveitavam a facilidade de estar perto de todas as comodidades de uma cidade pujante e progressista em plena década de 1960. Os desfiles carnavalescos, a popularização da avenida, o desenvolvimento da prostituição, os cinemas de conteúdo duvidoso e a especulação imobiliária condicionaram as mudanças na cara da avenida. Os edifícios altos, com pequenos apartamentos conhecidos como quitinetes, proletarizaram a região, e a população aumentou, atraída pelos aluguéis baixos e pelo frenesi pagão que começava a não mais parar nem de dia nem de noite. As meninas de programa, pressionadas pela sobrevivência e pela exploração dos cafetões, não mais se constrangiam em trabalhar também à luz do dia. São Paulo tinha um verdadeiro *bas-fonds*, como diziam os jornais sensacionalistas da época.

Todo mensageiro sabia onde começava a São João, mas poucos sabiam onde terminava. A Praça Marechal Deodoro já era considerada bairro, e era por ali que a Avenida São João se metamorfoseava em Avenida General Olímpio da Silveira. Um nome muito pouco nobre para uma avenida que homenageava tanto o apóstolo como o balofo príncipe-regente, líder da mudança da família real portuguesa para o Brasil, o aristocrático Dom João VI.

Acima, formatura do curso de História pela Faculdade de Filosofia, Ciências e Letras da USP, 1969. Cerimônia no Colégio Rio Branco, na Avenida Higienópolis. Ao lado, o paraninfo da turma: Antonio Candido.

# Santa Helena sambista

Encontrei o grupo de jornalistas que se preparava para cobrir o carnaval de São Paulo no térreo do Edifício Winston Churchill, na Avenida Paulista. Era a equipe da Jovem Pan, capitaneada pelo grande radialista Joseval Peixoto, dono de uma capacidade inigualável para narrar eventos de massa como futebol e carnaval. Os repórteres Aluane Júnior, Luiz Carlos Ferreira e um grupo de técnicos se preparavam para a cobertura do desfile principal na Avenida Tiradentes, a passarela do samba, em 1976. Fui convidado a participar e imediatamente... recusei. Afinal, eu era um dos comentaristas do prestigioso *Jornal da Manhã*, ao lado do Barão Fittipaldi, pai do campeão da Fórmula 1 Emerson, Franco Neto, Del Fiol e do próprio Joseval, e a minha arrogância era alimentada pelo fato de ser professor do Departamento de História da Universidade de São Paulo, a USP. Para mim, nada de carnaval. Até que alguém disse que eu poderia comentar os enredos das escolas de samba, ainda que não entendesse nada de desfiles. Ao menos de história eu entendia, ou achava que entendia.

Movido pelo vedetismo, dispus-me a dar uma pequena contribuição, do alto da minha pretensa intelectualidade. Coisa rápida, o desfile começava às nove horas; à meia-noite, eu já deveria estar em casa, dormindo. Acabei ficando toda aquela noite e também as noites dos dezesseis anos seguintes. Não mais me separei do carnaval de São Paulo, que entre outras coisas me deu uma lição de humildade, com a sua sabedoria popular e a liderança de gente do povo. Ao menos naqueles dias os negros diziam *o que* e *como* fazer para que aquela beleza de festa pudesse se repetir todo ano, cada vez mais majestosa e alegre. Minha paixão pelo carnaval, porém, atingiria o auge alguns anos depois, quando ousei desfilar em uma das alas da Vai-Vai ao lado de colegas de trabalho da Rádio Globo, entre eles o apresentador Gilberto Barros. Aqueles que me conhecem podem ter certa dificuldade em imaginar como me saí na avenida. Mas foi uma experiência marcante, garanto – só não garanto samba no pé.

Essa experiência, na verdade, foi uma recaída carnavalesca. Afinal, eu já havia vivido o carnaval de perto, na década de 1960, como descrevi no capítulo anterior. A festa era, então, concentrada no "quintal" de casa, o Centro Velho. Assisti aos primeiros desfiles sentado no meio-fio da Avenida São João, bem antes de assumirem o posto a Avenida Tiradentes, que já está na periferia do Centrão, e o Sambódromo da Marginal do Tietê, às portas da Zona Norte da capital.

Naquele tempo, havia ainda outra diferença: o carnaval de São Paulo era muito mais concentrado nos salões. Afinal, o desfile de rua era fraco e a burguesia paulistana ainda não se misturava com o povão, formado principalmente por negros ou mestiços. O corso, desfile de carrões americanos com foliões, não era muito forte no Centrão; os mais badalados se davam para as bandas das avenidas Nove de Julho e Brasil, lugares que eu só avistava quando tinha de entregar alguma correspondência por lá. Não havia nada de que um menino pobre como eu pudesse participar. Nem carro meu pai tinha... Quer dizer, o Ford 1940 dele nem sempre funcionava direito. Restavam mesmo as brincadeiras de rua.

As crianças do Centro Velho fabricavam em casa o sangue do diabo, uma mistura de cor vermelha escura cuja fórmula hoje me escapa. Enchíamos seringas de plástico com o tal sangue do capeta e nos postávamos nas esquinas, à espreita de foliões e não foliões, a pé, de carro ou a bordo de bonde ou ônibus. Avistada a vítima, todos apertávamos nossas seringas ao mesmo tempo. O líquido manchava a camisa, mas, como em um passe de mágica, o borrão sumia, ficando só a marca de umidade. Alguns não se incomodavam, mas a maioria das vítimas ficava enfezada com o verdadeiro banho.

Os salões de baile promoviam as *matinées* e *soirées*, palavras francesas que todos entendiam como bailes à tarde para as crianças e adolescentes e à noite para os adultos, respectivamente. Os mais famosos ocorriam no Odeon, no velho prédio da esquina da Rua da Consolação com a São Luís, no Palacete Santa Helena, na Praça da Sé, e no novíssimo Edifício do Sindicato dos Metalúrgicos, na Rua do Carmo. Eram pagos, mas dava para bancar.

O Santa Helena admitia jovens em sessões noturnas, desde que acompanhados por adultos. Meus pais nunca foram, mas os vizinhos assumiam a responsabilidade e lá íamos nós. Serpentina, confete para jogar também na boca dos distraídos e, é claro, sangue do diabo. Uma ou outra vez meu pai me dava uma garrafinha de vidro contendo lança-perfume que era vendida em seu bar. Era transparente, cheirosa, mas exigia cuidados, pois seu conteúdo irritava muito os olhos. Qualquer esguicho era suficiente para fazer chorar com muito ardor. Ainda não se via ninguém pondo lança-perfume em lenço para cheirar. Isso viria bem mais tarde.

Nos bailes do Santa Helena, o grupo musical atacava com as marchinhas que todos sabíamos de cor e salteado. Dava até para improvisar e trocar nomes originais por outros de políticos da época, suspeitíssimos de prática de corrupção. É a tal

Meu velho Centro | 95

carnavalização, quando o povo subverte a ordem, vingando-se de todos os tipos de autoridade. Adhemar de Barros e Jânio Quadros eram alguns dos "homenageados" preferidos de outros carnavais. Os bailes resistiram pouco tempo no Centro Velho. Primeiro, migraram para as franjas do Centrão, da Liberdade, do Bexiga, do Brás e, mais tarde, foram parar na periferia da cidade. Restou o desfile das escolas de samba. E o que era uma festa familiar se tornou uma exibição profissional com muito pouca roupa. O romantismo desmoronou, exatamente como o velho Palacete Santa Helena.

Em sua carreira, Heródoto recebeu diversos prêmios e condecorações. Esta foto foi tirada na ocasião da entrega do Prêmio APCA de Jornalismo, em 1988, pela Rádio Excelsior. Da esquerda para a direita: Márcio Bernardes, repórter de Esportes; Oscar Ulisses, locutor esportivo; Heródoto e a esposa Walkiria.

# Tipos inesquecíveis

## Os gatos de dona Juventina

Todo mundo que morava na Baixada do Glicério conhecia a dona Juventina e seu irmão Felipe, professor de piano. As mães que identificavam dotes artísticos nos filhos logo os mandavam para iniciar os estudos com ele. Felipe não tinha uma perna e, por isso, andava de muletas e jamais saía à rua. Era muito pálido, e sua voz fraca combinava com a constituição física. Na minha memória, provocava grande orgulho nos pais ver os filhos saindo de casa com o livro de pauta debaixo do braço, ou passar sob a janela do casarão de dona Juventina e ouvir os jovens pianistas socando o velho piano e arrancando sons que lembravam músicas compostas não se sabe por quem. De vez em quando, Felipe sentava ao piano e tocava como um verdadeiro músico. A Rua Nioac toda parava para apreciar.

A velha dona Juventina usava uma maquiagem que contrapunha um ruge muito vermelho a um pó de arroz muito branco, emoldurado por um batom carmim e uns colares antigos. Vivia com o irmão deficiente e um bando de gatos. Como o irmão, a velha dama raramente visitava a rua. Passava horas e horas na janela do casarão, e era quase impossível passar por lá sem ser pego para um papo que só terminava quando o pescoço doía de tanto ficar olhando para cima, já que o janelão era muito alto. Ela sabia de tudo. Desconfio até que fofocasse sobre a vida de todos os que passavam por ali – e sobre os que não passavam também. A Nioac era uma rua pacata àquela altura; as famílias que viviam por ali lutavam com dificuldade naqueles tempos de Jânio e Adhemar, mas havia segurança e a molecada brincava nas ruas até altas horas. Sob os olhares fiscalizadores de dona Juventina, é claro.

Felipe morreu primeiro; ela, depois. A comunidade levou dias discutindo quem tomaria conta dos gatos órfãos. Após algum tempo, chegou-se à conclusão de que os bichinhos deveriam ser abandonados à própria sorte. De certa forma, o velho casarão seguiu o mesmo destino, e foi derrubado para dar lugar a um ferro-velho que está lá até hoje. Uma pena que tudo tenha se deteriorado, e parte da memória da cidade tenha se perdido. Se dependesse de dona Juventina, nada disso teria acontecido.


Os passos do Mané

Ele me garantiu muitas vezes que seu pai tinha sido escravo numa fazenda de café, em Ribeirão Preto, interior de São Paulo. Manuel Raimundo contava muitas histórias da família Junqueira, a quem demonstrava ora desprezo, ora admiração. Eram grandes latifundiários de café na região.

Mané Raimundo foi o primeiro espírita que conheci: ele dava passes, via espíritos e era capaz de afastar encostos. Era raro encontrar alguém que se declarasse espírita em um tempo e um espaço eminentemente católicos, cercados de igrejas, como era e ainda é o Centro Velho. Naqueles tempos, as velhas igrejas da cidade só enfrentavam a concorrência da Igreja da Paz, na Rua do Glicério, um templo fundado, custeado e frequentado por imigrantes italianos. O templo, a escola paroquial e o convento foram construídos graças aos italianos ricos, entre eles os donos da fábrica de cigarros Sudan, que ficava colada à escola.

Seu Mané Raimundo tinha setenta e tantos anos e era conhecido pela maneira característica de andar. O preto velho dava pequenos passos, quase arrastava os pés e balançava o corpo de um lado para outro. Pela figura exótica, não era difícil identificá-lo quando despontava na Rua do Carmo, descia a Rua Agassis e se encaminhava para a Baixada do Glicério. Mas era um negro fortíssimo, braços musculosos, e mesmo carregando idade avançada era capaz de peitar jovens aparentemente mais fortes do que ele. Não se furtava a disputar um braço de ferro e era capaz de dar uns empurrões nos mais jovens. Jamais foi visto sem terno e chapéu de feltro. Dizia que um homem de bem não podia andar pela região nobre da cidade sem esmero, e usar gravata e chapéu era uma forma de não ser apontado como um qualquer. Não aceitava que assobiassem uma canção na rua, considerava isso falta de educação. Todos os que o provocavam sabiam que ele carregava um canivete do tipo espanhol, que empunhava com habilidade, jogando-o de uma mão para a outra. E provocação era coisa que não faltava entre os proletários e pequeno-burgueses que se aproveitavam dos aluguéis baratos para morar bem perto do Centro. Era um privilégio. Aliás, morar ou trabalhar no Centro Velho era um sinal de distinção, e isto era compartilhado por todos ali, que ignoravam que a cidade havia avançado em direção à Avenida Paulista.

Desde o primeiro dia em que vi seu Mané, era sempre o mesmo homem. Não envelhecia, sempre firme, rijo, arrastando o pé. Era amasiado com uma mulher muito mais jovem do que ele, o que o tornava alvo de críticas das mulheres maduras: "Onde se viu um homem viver com alguém que poderia ser sua neta? Deve levar chifres. Será que ainda dá para dar uma trepadinha?". Essas eram as blagues que seu Mané tinha de enfrentar todos os dias, enquanto varria a calçada da oficina mecânica do meu pai, em frente ao quartel do Exército. Aliás, ele também não gostava dos milicos. Dizia que os *recos*, soldados rasos, passavam fome, enquanto os graduados eram ladrões. Talvez estivesse se referindo ao sargento Souza, que ajudou a trocar o grande portão do fundo do quartel que dava para o Rio Tamanduateí. Tiraram um portão de bronze e colocaram um de ferro fundido, dizia o negro velho.

Mané viveu até uns oitenta anos, depois de trabalhar como vigia em uma obra na Rua Líbero Badaró que ninguém sabe se foi concluída. Ele foi parar na casa do dono da construtora, em Santo Amaro. Todos os dias pegava o bonde na Praça João Mendes, o Brooklyn ou o Santo Amaro, e *viajava* até aquela ponta da Zona Sul da cidade. Sim, viajava. Afinal, depois que passava pelo Instituto Biológico, próximo ao Ibirapuera, o bonde se tornava um verdadeiro metrô de superfície. Um prefeito idiota qualquer acabou com tudo e abriu a Avenida Ibirapuera.

A aristocracia econômica se afastou gradativamente da região central da cidade. Assim, pouco a pouco, os casarões locais foram se transformando em habitações coletivas, como os da Rua das Flores e da Rua Silveira Martins. Eram os cortições, como diziam os tradicionalistas da baixa burguesia que ainda estavam instalados por lá. Graças a essa mudança do perfil de seus habitantes, porém, o Centro Velho abriu espaço para homens respeitáveis como Manuel Raimundo.

## O guarda-chuva de dona Mariazinha

Ela se parecia muito com a personagem que contracenava com Grande Otelo nos filmes-chanchada da Atlântida. Parecia aquela boneca negra de pano que dançava desengonçadamente com o genial ator. Era magrinha, negra retinta, cabelo branco pixaim embaraçado em uma tiara de pano vermelho, roupinha simples de saia e blusa e umas perninhas finas como a da boneca. Nunca soube seu nome todo. O número de negros no Centro Velho era grande, e dona Mariazinha morava de favor na casa de dona Amélia e do Delfino.

Amélia também era negra. Cozinhava maravilhosamente num fogão a carvão, e ninguém era capaz de fazer um arroz tão gostoso. Eu mesmo fugia do almoço da minha mãe e ia comer puro arroz na velha casa da Rua Nioac, 57. Nós morávamos no 59. Dava água na boca ver os meninos saírem da casa de dona Amélia carregando as marmitas de alumínio brilhante que iam alimentar os colocadores de macadame da Rua 25 de Março.

Seu Delfino era branco e português. Era um velho muito forte, que passava o dia fabricando artesanalmente sapatos encomendados pelas lojas sofisticadas da Rua Barão de Itapetininga. Uma vez por semana, abandonava a calça surrada, a camiseta branca sem mangas e os chinelões de couro feitos por ele mesmo e saía todo arrumado. Parecia outro homem, roupa de linho, cabelos brancos com fixador e um belíssimo par de sapatos de cromo também de autoria própria. As faladeiras da rua, entre elas minha mãe e a pernambucana recém-chegada dona Maria, faziam os comentários mais picantes. Afinal, o português Delfino não era casado com a cozinheira Amélia e tinha uma filha loura que raramente vinha visitá-lo.

Na casa onde moravam dona Mariazinha, dona Amélia e seu Delfino, viviam também Nelsinho e Oswaldo. Estes dois eram protagonistas de histórias bem diferentes. Nelsinho era mulato de cabelo liso; Oswaldo, um autêntico banto. Eu nunca soube a origem deles. Minha mãe, sempre radical, dizia que Nelsinho era filho adotivo, e ser filho adotivo na década de 1960 era ser discriminado. Quase uma mancha moral. Ele, porém, era tratado como filho, tinha todas as regalias, não trabalhava, dormia até tarde, vivia na moda, com cabelo à Bill Halley, e imitava Elvis Presley, com uns ruídos que imaginava ser inglês. Até vitrola para ouvir os 78 RPMs da parada de sucessos ele tinha, e também dinheiro para ir à Rua Direita aos sábados à noite para fazer o *footing* e arrumar namorada. No dia seguinte, contava para os garotos mais novos suas aventuras e deixava todos de olhos brilhantes.

Oswaldo não participava dessas reuniões da rua. Sua vida era carregar marmitas e apanhar do Delfino. Minha mãe, sempre ela, dizia que ele era tratado como escravo. Era surrado diariamente, mas nunca deixou de mostrar um sorriso de dentes brancos de um jovem de 15 anos. Um dia Delfino atirou uma fôrma de sapato na cabeça do Oswaldo, que desmaiou. Dona Amélia saiu correndo pela rua dizendo que o Delfino tinha matado o menino. O entregador de marmita aguentou a tortura até os 17 anos, quando sumiu. Reapareceu dois ou três anos depois, bem vestido e com o mesmo sorriso branco nos lábios. Não se aproximou da casa de pensão, ficou na esquina espionando como um negro alforriado com medo do capitão-do-mato Delfino.

Dona Mariazinha era corinthiana. Muito corinthiana. Era, muito antes da Elisa, a torcedora-símbolo da multidão que se aglomeraria na geral do Pacaembu nos anos 1970. Nas tardes de domingo, saía do cortiço e ousava invadir o nobre bairro de Higienópolis em busca do time do coração. Ia a pé. E lá se iam uma ou duas horas de caminhada. Ela saía cedo. Queria o melhor lugar da geral, à esquerda da "falecida" concha acústica, que mais tarde daria lugar ao que hoje chamam de "tobogã". Adorava o prefeito Prestes Maia, a quem atribuía a construção do estádio onde se engalfinhavam corinthianos e seus arquirrivais são-paulinos – os empolados, os pós de arroz, os fru-frus. E lá estava Mariazinha armada do seu guarda-chuva. Ela não se fazia de velhinha. Ao primeiro xingamento vindo dos pós de arroz, partia para cima e distribuía guarda-chuvadas a torto e a direito. É verdade que tomava muita cachaça e não desprezava uma Brahma para rebater. Mais de uma vez voltou para casa de dona Amélia de madrugada, a bordo de uma radiopatrulha, preta e branca, como o manto corinthiano. Os delegados da Central de Polícia já a conheciam e a mandavam para casa. Naquela época, a polícia ainda era humana.

Mariazinha quebrou o braço duas ou três vezes, a última ao se envolver em uma briga no Canindé, num jogo em que o juiz favoreceu a Lusa e roubou o Coringão, o time do coração de dona Mariazinha.

## Um Bodinho no parque

Nunca soube seu verdadeiro nome. Todos sempre o chamavam de Bodinho, principalmente seus amigos de balcão. Também nunca procurei descobrir a origem do apelido. Bodinho era um homem do tipo *mignon*, queixudo, fumante inveterado, magrinho, e que bebia muita pinga, como era comum entre o proletariado que habitava as beiradas do Centro Velho. Misturava-se com homens e mulheres que frequentavam os bares à noite e vivia na roda de piadas e brincadeiras. Não havia briga nem violência, os palavrões eram raros e as piadas com algum palavreado mais cabeludo eram escondidas das crianças e das donas de casa.

As rebarbas do Centro Velho eram ocupadas por pessoas como Bodinho – pobres que conseguiam vaga nas pensões coletivas das casas mais velhas e deterioradas. Morar em um bairro distante era submeter-se a um transporte precário, uma vez que não existia nem o metrô, nem os terminais, nem as linhas integradas – muito menos o bilhete único. O paulistano dos anos 1960 tinha de se submeter aos poucos ônibus superlotados, aos velhos e vagarosos bondes ou aos trens de subúrbio. Bodinho dizia que jamais moraria no longínquo Itaim Paulista, no meio do mato, carregado pela maria-fumaça da Estrada de Ferro Central do Brasil. Nem na Vila Carioca, servida pela Estrada de Ferro Santos–Jundiaí. As ferrovias também se cruzavam no Centro Velho, umas na Estação do Brás, outras na da Luz. Bodinho era intransigente. Durante algum tempo submeteu-se a morar na Zona Norte, na Água Fria, onde vivia minha avó, mãe de minha mãe. Pegávamos o trem da Estrada de

Ferro da Cantareira e lá íamos pela Avenida Alfredo Pujol até a Estação do Mandaqui. Era uma maravilha percorrer a Avenida Cruzeiro do Sul, o bairro de Santana, passar pertinho do quartel do Exército e parar próximo do Hospital do Fogo Selvagem do Mandaqui. A Zona Norte me parecia um lugar tão distante e encantador quanto a Lua.

Mas, àquela altura, o transporte coletivo (já) era uma questão delicada. Qualquer aumento no preço das passagens de ônibus e bondes era motivo para grandes manifestações públicas, muitas dirigidas pelos comunistas e anarquistas de plantão. Estudantes e operários ocupavam as principais ruas e praças do Centro, impediam os coletivos de passar, armavam barricadas, punham fogo em lixos e enfrentavam a violentíssima polícia com pedras. Era comum cabeças quebradas a golpes de cassetetes. Enquanto a Guarda Civil se eximia de entrar em choque com os manifestantes, a Meganha, a Força Pública do Estado de São Paulo, fazia o cassetete cantar. Os resistentes jogavam bolinhas de gude e rolhas para derrubar a cavalaria que avançava com grandes espadas a tiracolo. Era um deus nos acuda. No dia seguinte, os tabloides sensacionalistas (até parecia Londres) publicavam as fotos mais impactantes e os programas de rádio despejavam adjetivos contra a polícia e contra os baderneiros que insistiam em destruir ônibus e bondes pertencentes à CMTC, a Companhia Municipal de Transportes Coletivos.

Bodinho era fã da Meganha, achava que a Força tinha mesmo é que baixar o pau naquela corja de baderneiros que queriam perturbar a vida dos homens de paz da cidade. Apoiava claramente a repressão, e este era um dos raros temas capazes de fazer com que ele batesse boca com outros pinguços do bar. O outro tema, é claro, era o futebol e o seu Corinthians, sempre presente em um boné cuja aba sustentava o escudo do time do Parque São Jorge.

Uma das ações policiais, no entanto, fez Bodinho mudar rapidamente de opinião sobre a ação da Força Pública. Foi num dia de mais uma greve, de mais pancadaria, em que novamente todas as atividades foram paralisadas no Centro Velho. Os bares fecharam temendo quebra-quebra. A exceção foi o bar do meu pai, bem em frente ao Quartel do Exército do Parque Dom Pedro II. Às nove da noite, as ruas ainda estavam às escuras, e nenhum carro corria em nenhuma direção. A luz do bar chamou a atenção dos notívagos que vieram sedentos por uma caninha. Por volta das dez da noite, a algazarra era geral e as gargalhadas e os discursos mais exaltados podiam ser ouvidos por todo o quarteirão. Repentinamente, surgiu um caminhão da Meganha, e os soldados do choque desceram distribuindo paulada para todo lado. Quem correu, correu; quem não escapou levou uma, duas ou três bordoadas, foi jogado no caminhão, rumo à Central de Polícia do Pátio do Colégio. Algumas pessoas correram para o fundo do bar. Meu pai e minha mãe se protegeram atrás do balcão. Bodinho tentou juntar-se a eles. Quis pular o alto balcão de pedra, mas não conseguiu: levou a primeira bordoada. Tentou de novo, sem sucesso: levou a segunda. Quando conseguiu voar sobre o balcão, aterrissou nos pés do meu pai, juntamente com a terceira paulada no lombo.

Bodinho nunca mais fez nenhum elogio à Meganha. Limitava-se a mostrar os vergões que trazia nas costas, resultado das infrutíferas tentativas de saltar o balcão e escapar. Nas greves seguintes, ele evitava os bares, mesmo sabendo que a Força Pública nunca voltaria lá.

Esquina das ruas Nioac e Frederico Alvarenga. À esquerda, o
local onde funcionava o bar e depois a oficina da família
Barbeiro; do outro lado da rua, o antigo local da borracharia.

# A última viagem do bonde do Magrão

Um bonde passa pela Avenida São João, dobra na Ipiranga e vai em direção ao Fórum Criminal, na Praça João Mendes. Não há trilhos nessas avenidas. Como pode passar um bonde? Esse bonde é um caminhão cheio de presos que estão sendo levados para o Fórum, onde serão ouvidos pelo juiz. Há um bonde em uma casa noturna no Largo de Santa Cecília. Mas bondes cabem em uma casa noturna? É um bonde musical, grupos de jovens animados que tocam e dançam durante toda a noite.

Bonde, bonde, dos bons, não existe mais no Centro Velho. Já existiram, mas foram liquidados porque, segundo alguns paulistanos, representavam o atraso e impediam o progresso. Acabar com eles, na cabeça dos administradores da cidade, era questão de vida ou morte para tornar São Paulo uma metrópole dinâmica e contemporânea. "A cidade não pode parar", diziam os ufanistas. Talvez a velocidade dos bondes não acompanhasse a do progresso.

Certa vez fui a Berna, capital da Suíça. Todos os dias tomava um bonde, que saía na hora certa de uma praça próxima à casa onde eu estava hospedado e ia até o escritório, do outro lado da cidade. Como podem existir bondes em um país de Primeiro Mundo, se o bonde é sinônimo de atraso? Ou será que manipularam a opinião do paulistano para que eles fossem trocados por ônibus, fabricados pelas recém-estabelecidas multinacionais no ABC? Às vezes, tenho a impressão de que a cidade caiu em um engodo. Jogou fora um sistema articulado, barato, familiar ao morador e simpático.

Obviamente, o leitor já percebeu que não tenho isenção alguma para falar dos bondes. Nos tempos em que trabalhei como mensageiro (ou melhor, *office boy*) e andava por todo canto da cidade, só ia de bonde. Eu me acostumei a ir pendurado no estribo, diariamente, do Centro Velho até o primeiro ponto da Rua da Independência, bem na esquina da Rua Ana Néri, onde ficava o prédio do velho colégio estadual Roldão Lopes de Barros. Na volta era outra aventura. Depois troquei de escola e de bonde.

Nessa época, já me chamavam de *Magrão*. O Magrão do bonde. E fui parar no Bosque da Saúde, do outro lado da cidade, levado pelo bonde. Todos os dias, eu tomava o do meio-dia e quinze, em frente da Igreja de São Gonçalo, na Praça João Mendes. A viagem durava uns 45 minutos. Iam subindo os alunos do Conde José Vicente de Azevedo, e, na Praça da Árvore, antes de descer a Avenida Bosque da Saúde, o carro já estava lotado de uniformes cáqui e casacos amarelos. Nessa altura, tudo era conversa, piadas, risadas e um batuque capitaneado pelo Edu da Gaita, um hábil percussionista de qualquer coisa. Fosse o que fosse, havia batuque e música. Uma maravilha estudar com um bonde desses.

Havia outros. Levar uma carta ou uma encomenda até a Penha era uma delícia. Os bondes, além de abertos, ventilados, velozes, tinham um reboque. Era um bondão com um bondinho correndo tresloucadamente atrás dele: pela Avenida Rangel Pestana abaixo e, furiosamente, pela Avenida Celso Garcia em direção ao Pari. A paisagem mudava rapidamente. Os prédios do Centrão eram substituídos pelo verde do Parque Dom Pedro II e, depois, pelo casario do Brás. Dava para apreciar o prédio do Colégio Romão Puigari e a estação de trens do Brás. Daí para frente, mais casas e uma ou outra igreja. A Rua Guaiaúna me avisava que a Penha estava próxima. Mais uma subida e lá estava o Largo da Penha. Dali em diante acabava a diversão e começava o trabalho: andar pelas ruas do bairro, achar o endereço e voltar o mais breve possível para casa. De bonde, é claro.

Nessas idas e vindas pela cidade só me desagradava ter de ir a lugares onde não houvesse bonde. Hospital das Clínicas, Vila Madalena, Largo de Pinheiros, Rua da Mooca, Rua Borges de Figueiredo, Largo do Cambuci e até Brooklyn e Santo Amaro eram servidos pelos camarões. Estes não eram tão convidativos, não tinham estribo, nem carona. Eram bondes sisudos, fechados, com portas controladas pelo motorneiro e pelo cobrador, e pintados de vermelho-escuro, como um camarão. Por todo lado havia anúncios publicitários, ou reclames como eram conhecidos, e a sigla CMTC – Companhia Municipal de Transportes Coletivos. Será que era mesmo no plural?

A verdade é que os bondes sempre provocaram reações e sentimentos fortes na cidade. O primeiro deles começou a correr nos trilhos no dia 7 de maio de 1900 – com direito a festa, ato público e tudo o mais. Primeiro, cruzou o Centro Velho e, em seguida, passou a fazer viagens mais longas, ligando a região central aos bairros. É engraçado pensar hoje como aquilo encantou e assustou os paulistanos. O escritor Oswald de Andrade relembrou no livro *Um homem sem profissão* o choque da novidade. Corria o boato de que o perigo era grande: "Quem pusesse os pés nos trilhos ficava ali grudado e seria fatalmente esmagado pelo bonde. Precisava pular". O medo era devido ao uso da eletricidade, que fazia os novos carros se movimentarem "sozinhos" pelas ruas da cidade. De fato, deve ter sido assustador, afinal comuns eram os bondes puxados por burros, que percorriam a cidade regularmente desde 1872.

O último carro elétrico de São Paulo foi recolhido à garagem da Vila Mariana em 1968. Este é, sem dúvida, o marco divisor entre duas eras. Começava um novo período, com ônibus e metrô – e, coincidentemente, a região central da cidade se deteriorava. Aos olhos dos administradores, os bondes já estavam velhos aos 68 anos. E, definitivamente, aos olhos daqueles mesmos homens, não alcançavam a velocidade exigida pela metrópole.

Detalhe de luminária, Vale do Anhangabaú.

Detalhe da fachada do Mosteiro de São Bento.

Mosteiro de São Bento.

Acima, detalhe de portão do Mosteiro de São Bento; abaixo, maçaneta no prédio da Secretaria da Justiça.

Detalhe de portão e sacada do Theatro Municipal.

Detalhe da fachada – pórtico e rosácea – da Catedral da Sé,
Na página ao lado, vista geral da mesma catedral.

O charme das luminárias antigas: à esquerda, no Vale do Anhangabaú; acima, no Pátio do Colégio; abaixo, diante do prédio da Secretaria da Justiça.

Detalhe de porão, Rua Álvares Penteado.

Janelas em prédio na Rua São Bento.

Detalhe da grade do Viaduto Santa Ifigênia.

Detalhe de prédio na Praça da Sé.

Igreja da Boa Morte. Diz a tradição que os sinos da Boa Morte (abaixo) foram os primeiros a anunciar a Independência do Brasil.

Na página ao lado, antigo quartel do Parqu[e] Dom Pedro [II,] atualmente desativad[o.] Há um projeto [de] recuperação ambient[al] do parque, que prevê [a] ampliação das áre[as] verdes e de passeio pa[ra] os pedestres, [a] incorporação do Palác[io] das Indústrias – qu[e] voltaria a ser um espa[ço] para eventos –, e [a] restauração do quarte[l,] que se tornaria um mist[o] de centro cultura[l,] esportivo e recreativ[o.]

Rua Nioac. No número 59 ficava a primeira casa da família Barbeiro. Ao lado, foto de 1952, com Heródoto. Abaixo, foto de 2007, porém o imóvel não é mais o mesmo.

# Brancos, negros e amarelos

Só soube que havia diferenças entre brancos, negros e amarelos depois de adolescente.

A região central da cidade era pontilhada por um ou outro casarão decadente, pertencente a alguma pessoa ilustre que aproveitara o modismo e fugira para as avenidas Paulista, Angélica ou Higienópolis. Assim, as imensas casas se trasformaram em habitações coletivas, os chamados cortiços, e foram ocupadas por famílias mais pobres, mas que ainda podiam alugar um ou dois cômodos nas ruelas do Centro Velho. Esses novos moradores eram em sua maioria negros. Nessa época, eram mais pobres do que são hoje. Lembro-me de cortiços nas ruas do Carmo, Agassis, Galvão Bueno, Conde de Sarzedas, São Paulo, enfim, eles estavam em toda parte.

Havia um de minha preferência, que tinha entrada pela Rua Tabatinguera e era frequentado por meu tio. Eu gostava de passar pelo corredor que circundava os quartos onde se abrigavam famílias inteiras. Havia um pátio superior, de terra, provavelmente o local nobre da construção, onde eu passava boa parte do dia brincando com os meninos. O cheiro da comida preparada nos fogões a carvão era irresistível, e muitas vezes levei surras de minha mãe por comer no cortição. Foi ali que vi pela primeira vez na minha vida um homem virar super-homem.

Isaías era um pintor franzino, de uns 40 anos, que bebia mais do que todo mundo. Quando não conseguia trabalho, engraxava sapatos e bebia. Um dia ele apareceu no alto do muro do cortição, a uns 10 metros de altura, de calção, totalmente bêbado e com uma toalha amarrada no pescoço. Começou a gritar que ia voar. O povo correu para a rua e, antes que alguém pudesse fazer alguma coisa, ele pulou. Isaías ficou estatelado na rua, todo quebrado. Rendeu assunto para muitas semanas e até saiu reportagem num jornal editado no Centrão, *A Hora*.

O grande acontecimento só perdeu para a chegada da polícia, coisa raríssima no Centro de São Paulo. Eles tinham ido prender um negro, o Ubirajara, filho do seu Geraldo, dono de uma marcenaria na Rua 25 de Março. Os homens e mulheres de bem rapidamente o condenaram, dizendo que ele era um ladrão e por isso havia sido preso, mas que o pai era homem trabalhador, tinha "alma de branco"... Todos se condoeram do velho marceneiro, que, com lágrimas nos olhos, foi levado para a Central de Polícia.

Na Central fora instalada a primeira delegacia de polícia da cidade. Ao lado dela, havia um pronto-socorro, que visitei ao menos meia dúzia de vezes para costurar pernas, braço e cabeça. Ambos os serviços ocupavam um casarão que, segundo as más línguas, pertencera à Marquesa de Santos, uma "depravada" que fora amante do imperador Dom Pedro I.

Os negros se misturavam aos amarelos. Era comum vê-los bebendo juntos nos botecos do bairro da Liberdade, coisa inimaginável em outras partes do país e até do mundo. Os japoneses se espalhavam pelas casas humildes da Rua dos Estudantes, do Largo São Paulo, das ruas Tomás Gonzaga e da Glória e travessas. Chamava a atenção o número de japoneses e descendentes que empregavam homens e mulheres negros e conviviam no dia a dia de luta pela sobrevivência. A Rua 25 de Março, do trecho que ia da Praça Fernando Costa até o viaduto da Avenida Rangel Pestana, retratava a convivência étnica nivelada e igualada pela pobreza e pela vontade de viver. Nesse trecho estavam confinados os galinheiros.

Pode parecer estranho, mas era uma delícia passar pela rua das galinhas. Os caminhões chegavam do interior carregados de aves. Elas vinham apertadas em engradados de madeira, e muitas chegavam mortas de frio, fome ou sede. As que conseguiam punham a cabeça para fora perguntando que lugar era aquele, com prédios tão altos. Dali era possível ver a sede do Banespa, toda branca. Os engradados eram descarregados nas lojas que se enfileiravam ao longo da 25 de Março, uma atrás da outra, e exalavam um cheiro fortíssimo. Os empregados, geralmente negros, pegavam as penosas pelas pernas e as vendiam vivas aos compradores, que nunca deixavam de pechinchar.

Era comum ver as pessoas, nas ruas, levando uma galinha pendurada de cabeça para baixo e com as pernas amarradas, ou nos ônibus, enfiada numa sacola, só com cabeça de fora. Todos queriam comer galinha fresquinha, por isso preferiam fazer o abate em casa. Esse tipo de comércio era inusitado para uma cidade de quatrocentos anos cujo lema era: "São Paulo não pode parar".

E não parava mesmo. São Paulo era uma cidade de contrastes em um país de contrastes. Amarelos, negros e brancos se misturavam nas feiras da Rua dos Estudantes às quartas e aos domingos. Os adultos compravam e vendiam de tudo, até mesmo carne fresca de boi e miúdos, expostos ao sol, ao vento e às moscas-varejeiras. Moleques de todas as cores disputavam as moedas que recebiam em troca de carregar sacolas e carrinhos de feira. Em suma, se algum lugar da cidade poderia ser chamado de cosmopolita, como gostavam de estampar os jornais, esse lugar era o Centro Velho, com pessoas de cores diferentes sonhando se tornarem paulistanos respeitados e milionários.

No Centro Velho, o sotaque do "paulistanês" variava, dependendo da direção que se tomava a partir da Praça da Sé, o marco zero da cidade. Descendo a Avenida Rangel Pestana, em direção à ruas Piratininga, Carneiro Leão, Vasco da Gama e do Gasômetro, percebia-se uma influência italiana mais acentuada, ao passo que, lá para os lados da Rua da Mooca, da Rua Wandenkolk e da Avenida do Estado, identificava-se certa influência espanhola.

As décadas de 1960 e 1970 assistiram a mudanças profundas, e a proletarização era representada pelos negros, pelos amarelos e pelas famílias que vieram do interior do estado, como a minha. Os paulistanos tradicionais e os imigrantes enriquecidos fugiram em busca de uma melhor qualidade de vida, impossível numa região cada vez mais descaracterizada pelas sucessivas administrações municipais, que tudo arrebentavam em nome da facilidade de acesso à imensa quantidade de linhas de ônibus que faziam ponto final nessa área.

O Centro foi cercado pelos terminais de ônibus. Para abarcar tudo isso foi preciso derrubar, acabar com jardins e praças, levantar construções de gosto e uso duvidoso, como a antiga rodoviária da Avenida Rio Branco, o imenso estacionamento de ônibus da Praça Fernando Costa e outros. O metrô estava apenas no papel e era um sonho para muitos anos depois. Alguns administradores, embora vivessem na região central, confundiam progresso com derrubada de prédios históricos – e arquitetonicamente belos – e construção de arranha-céus. Não se trata de puro saudosismo, mas do registro da destruição da memória em nome de *não se sabe o quê.*

Idade da razão

Viaduto Santa Ifigênia. Ao fundo,
no centro da foto, o Edifício Martinelli.

# Novo Centro Velho?

O Centro de São Paulo é uma maravilha e sempre foi a parte da cidade que melhor a representou. Na guerra dos bairrismos, os paulistanos contrapunham o postal do Vale do Anhangabaú às belezas naturais do Rio de Janeiro. O coração da cidade era o velho Centro. Nas décadas de 1970 e 1980, ocorreu uma acelerada degeneração da região, com a fuga de empresas privadas, o abandono dos prédios comerciais e a transferência dos órgãos do governo. O vazio foi ocupado por miseráveis, mendigos, desassistidos, marginais, traficantes, coletores de lixo, crianças abandonadas, jovens viciados em cola e em crack. Na virada do século XXI, a situação se agravou a tal ordem que boa parte do Centro ficou conhecida como *Cracolândia*. Uma terra de ninguém, de onde desapareceram a polícia e a ordem, e com elas as famílias organizadas. Os prédios abandonados foram invadidos, e os cortiços se verticalizaram.

Os gestores públicos contribuíram de forma decisiva para a decadência do Centro Velho, transferindo repartições públicas, abrindo avenidas sem nenhum cuidado, construindo obras de utilidade duvidosa, como o Minhocão e o novo Parque do Anhangabaú, e cometendo ainda outras violações da memória da cidade. A fiscalização pública, venal e corrupta, permitiu que o seu patrimônio arquitetônico fosse dilapidado. O comércio aproveitou a licenciosidade da propaganda, e as fachadas sumiram sob os grandes anúncios pregados nas paredes. Essa terra de ninguém permitiu uma imensa poluição visual. As empresas de publicidade cobriram boa parte da paisagem com gigantescos anúncios, que não se veem em nenhuma cidade do mundo desenvolvido. Enfim, o que ocorreu com a região central de São Paulo foi o mesmo que aconteceu com o resto do país, ou seja, um assalto deliberado contra o bem público. Uns assaltaram os cofres, outros financiaram os chamados caixas dois de partidos e de empresas privadas, outros ainda se locupletaram com o que puderam. Entre estes estão os que assaltaram o Centrão de todas as formas possíveis, culminando com uma desenfreada especulação imobiliária.

Há, atualmente, uma disposição para se recuperar a região central da cidade. É uma tarefa imensa. Há que se entender que uma cidade é um organismo vivo e, por isso, em constante transformação. Ninguém quer congelar as ruas, os costumes, as pessoas e tudo que aí existe. Nem voltar a um passado saudosista que já acabou. Não é possível lutar contra o processo histórico. Uma vez ativado, ele tem suas próprias leis. É impossível imaginar o Centro Velho sem o metrô, sem as avenidas que conduzem o tráfego selvagem de um extremo ao outro da cidade, nem os milhares de ambulantes que vivem de vender produtos legais e contrabandeados como forma de sobreviver à exclusão social. Por isso, é preciso recuperar a região combinando desenvolvimento e conservação. Outras cidades do mundo têm dado exemplos nesse sentido, como Londres e Nova York.

E por aqui, o que já foi feito? Nos últimos dez ou quinze anos iniciaram-se ações governamentais, empresariais e da sociedade em geral, com o objetivo de devolver a vida com qualidade à região. O que isso quer dizer na prática? Bem, uma série de coisas cujo resultado ainda é difuso e está por ser medido. Mas vale a pena falar a respeito. Um dos efeitos mais evidentes foi a volta dos órgãos e demais equipamentos públicos para a região. A sede da prefeitura, por exemplo, voltou ao Centro Velho no início da década de 1990, instalada no Palácio das Indústrias, sendo novamente transferida em 2004 para o edifício conhecido como Banespinha, à beira do Viaduto do Chá. O governo estadual seguiu o bom exemplo, transferindo para lá secretarias como a de Cultura, que agora fica junto da Estação Júlio Prestes.

Uma das reivindicações dos envolvidos na questão era turbinar a vida cultural do local. Segundo eles, seria vital que o Centrão oferecesse opções de lazer à população para que a região não continuasse jogada às traças após o encerramento do expediente comercial diário. O pedido está sendo atendido. O Estado reformou e refundou a Pinacoteca, que se transformou num dos mais aprazíveis museus da cidade e, de quebra, deu nova vida a seu "vizinho de muro": o Parque da Luz – na verdade, as divisórias que separavam a Pinacoteca e o Parque foram derrubadas, tornando aquele um dos espaços mais democráticos e bonitos da cidade. Outra importante intervenção foi a criação da belíssima Sala São Paulo de Concertos, também na Estação Júlio Prestes, um templo tão refinado da música erudita que maestros e orquestras internacionais querem vir ao Brasil para apresentar-se ali. A Estação da Luz, com seu exuberante e histórico estilo vitoriano, também foi recuperada. Os centros culturais podem ter um papel relevante. O do Banco do Brasil, bem no coração do Centro Velho, e o da Caixa Econômica Federal, que respira os ares da Praça da Sé, têm feito o que podem para atrair o público, que, no entanto, ainda vai ao Centro Velho com receio de assaltos e violência. Essas ações governamentais, é claro, não eximem os órgãos públicos de suas enormes dívidas com a região. O abandono e a má gestão foram enormes. Ainda do ponto de vista cultural, algumas salas de cinema foram reativadas no lado do "Centro Novo", e já é possível ver famílias das classes C e D reunidas para as sessões do sábado à tarde.

Outra frente de combate na recuperação da região, novamente segundo os observadores de plantão, é a questão da moradia. E eles parecem estar bastante corretos nesse item. É preciso tornar os bairros do Centro um local residencial também, não apenas comercial. A consequência parece bastante lógica: com os edifícios da região sendo habitados por um número maior de pessoas, a autoestima sobe ao topo e as ruas e fachadas ficam mais bem cuidadas. Afinal, ninguém joga lixo na porta da própria casa – nem deixa que outros o façam. Tomara que essa ideia funcione. É uma delícia viver ali. Algumas iniciativas já começaram. Imóveis residenciais que estavam abandonados ou simplesmente fechados por falta de interessados já começaram a ser reformados.

A iniciativa privada – leia-se empresas que exploram a boa infraestrutura da região – também está começando a se mexer. O exemplo mais recente foi o patrocínio da Companhia Brasileira de Alumínio para a recuperação do Obelisco da Ladeira da Memória, mais antigo monumento público da cidade, erguido em 1814. Iniciativas anteriores já haviam ocorrido, para as reformas do Theatro Municipal e da Catedral da Sé, entre outras. A Associação Viva o Centro, consórcio entre empresas e comunidade, tem tocado diversas ações de revitalização e autoestima. Outras empresas cuidam de outros cantos do Centrão, mas esse é um capítulo em que também precisamos evoluir.

O importante aqui é ter em mente que ninguém resolverá nada sozinho. Repetindo as velhas táticas de guerra, é preciso juntar forças de governos, empresas e cidadãos para derrotar o inimigo comum – a destruição do Centro Velho e de tudo o que ele representa. O *slogan* "São Paulo não pode parar" foi distorcido por uns, mal interpretado por outros e aproveitado pelos especuladores imobiliários de sempre. O progresso foi confundido com demolição de prédios antigos e o compasso foi substituído pela marreta. Na calada da noite, os casarões caíram antes que fossem tombados pelo lerdo e modorrento Conselho do Patrimônio Histórico. Há inúmeros exemplos: o último a que assisti foi o de um restaurante sediado em um antigo solar na Rua Dona Veridiana, bem próximo do Largo de Santa Cecília. Vendido em um dia, no outro a casa estava no chão, e a placa "vende-se material usado" foi imediatamente pendurada no que sobrou de um belíssimo portão de ferro batido. Hoje é um estacionamento, mas já há a promessa de que um prédio será erguido por lá. A próxima vítima será uma antiga jaboticabeira que teimosamente resistiu à fúria dos gestores do progresso.

Reerguer o Centro Velho é um ato de cidadania, de recuperação da memória da cidade, é perpetuar as manifestações culturais que o tempo consolidou. Não é trabalho para um governo, ou um banco, ou uma ONG. É um compromisso para todos os que têm sensibilidade e entendem a importância da recuperação histórica. Cidade que não tem memória não é respeitada, não cria liga, não une os seus.

Proponho a todo paulistano, ou melhor, a todo paulista, ou ainda a todo brasileiro... Melhor: proponho a todo cidadão do mundo que faça um passeio pelo Centro Velho. Deixe-se seduzir por aquele ambiente. Tome um ônibus ou o metrô com destino à Praça da Sé – sim, é importante começar pelo Marco Zero e nunca fazê-lo de carro. Ao chegar ali, encare a catedral, olhando para cima. É possível sentir certa vertigem de encantamento, tal a beleza e a dimensão daquela igreja. Depois, dê uma volta sobre o próprio eixo, para observar os milhares de pessoas que cruzam a praça, pregam com a Bíblia em mãos, vendem passes de ônibus, cartões telefônicos ou compram e vendem ouro.

Dali, você poderá marchar em várias direções. Sugiro começar pela Igreja do Carmo, o primeiro vértice do Triângulo. Desça a praça – ela é ligeiramente inclinada na direção do Carmo – e atravesse, com cuidado, a Avenida Rangel Pestana. A tranquilidade dessa igreja em contraste com a agitada avenida é chocante. Parece que ela sempre esteve ali e que sempre estará, zelando pela cidade. Atravesse novamente a Rangel Pestana e tome a ruela bem em frente, a Roberto Simonsen. Siga em direção ao Solar da Marquesa, uma das poucas construções de taipa de pilão sobreviventes na região. Dali, você estará a poucos passos do Pátio do Colégio, onde tudo começou. Uma construção pequena de paredes brancas e batentes azuis é o marco fundador de uma das maiores cidades do mundo. O museu anexo decepciona pela falta de recursos – outra mazela de nossos administradores –, mas também emociona.

Tome a Rua Boa Vista em direção ao segundo vértice, a Igreja de São Bento, com suas paredes escuras que parecem guardar segredos seculares. Dali, você poderia seguir adiante pelo Viaduto Santa Ifigênia, sobrevoando o Vale do Anhangabaú e abandonando o velho em direção ao novo Centro. Nesse primeiro passeio, eu não tomaria essa vereda. Quebraria à esquerda e tomaria um café no Girondino. Pela Rua São Bento, você pode apreciar as fachadas antigas até chegar ao Largo São Francisco, o terceiro vértice. A igreja de mesmo nome e a Faculdade de Direito são os prêmios para os bravos. A esta altura, o barulho dos carros e a gritaria do comércio já terão dado lugar em sua mente ao eloquente silêncio que vem das construções e das ruas. É quando se tem a impressão de que muita história – e, portanto, muita vida – está contida naquela porção do universo.

Depois disso, você poderá promover descobertas por conta própria. Poderá cortar o interior do Triângulo, onde há muita riqueza também, ou apenas apreciar o milhão de tipos que dão vida ao lugar. Visite os bairros vizinhos: Cambuci, Liberdade, Bela Vista, Consolação, República, Santa Cecília, Brás, Bom Retiro, Mooca... Ao fazê-lo, estará rompendo os limites do Triângulo Histórico em busca de novas aventuras, exatamente como fizeram os antigos moradores da cidade há mais de cem anos.

Pessoa caminha ao lado do Theatro Municipal.

# Primeiros passos

Uma caminhada pelo perímetro do triângulo mais importante do mundo – para mim, isso é o Triângulo Histórico de São Paulo – é barata, custa muito pouco: são umas 2.600 passadas. Do Largo São Francisco até a Igreja de São Bento são mais ou menos uns 855 passos, ou aproximadamente 680 metros. De lá até a Igreja do Carmo são mais 610 metros, que podem ser vencidos em 765 passos. Finalmente, fechando a volta pelo Triângulo, gasta-se uns mil passos para fazer os 810 metros que separam o Carmo da São Bento. Difícil, porém, é estimar o tempo a ser consumido nesse delicioso trajeto.

No caminho, você terá de desviar de dezenas de ambulantes, poderá ouvir a história de algum pedinte e talvez dar-lhe um trocado e certamente escutará a pregação de algum pastor religioso. Haverá chance também de ficar na ponta dos pés para tentar enxergar por sobre os ombros da multidão algum espetáculo de mágica: um exibicionista que não se corta com o vidro, alguém vendendo amostras de um remédio milagroso, um exorcismo em praça aberta ou coisa do gênero. Pausa para um cafezinho, enquanto *office boys* – ou melhor, mensageiros –, secretárias, executivos, ambulantes, advogados e outros milhares de profissionais correm nas calçadas e avançam sobre os ônibus para cumprir suas tarefas em tempo. Em seguida, você retoma o passeio, dando uma espiada numa pilha de livros à porta de um dos 34 sebos da região – são mais de 1 milhão de preciosidades disputadas entre leitores e traças. Com certeza você irá interromper a marcha outra vez para observar as fachadas de algumas belas construções que resistem ao tempo – e principalmente ao apetite paulistano de erguer e destruir coisas belas, como diria Caetano Veloso. Ah, cuidado também com os ônibus, que parecem vir de todas as direções e em alta velocidade.

Os números são mais uma dimensão incrível do Centro.

Há mais mulheres do que homens vivendo ali. São pouco mais de 370 mil pessoas – divididas entre 200 mil mulheres e 170 mil homens, segundo o respeitabilíssimo IBGE, Instituto Brasileiro de Geografia e Estatística. Em todas as faixas etárias, as mulheres são maioria. Esses dados consideram toda a região hoje denominada Subprefeitura da Sé, o que engloba os bairros de Bela Vista, Bom Retiro, Cambuci, Consolação, Liberdade, República, Santa Cecília e Sé propriamente. Bom, como disse lá no começo do livro, há muitos e muitos anos o Centro Velho ultrapassou seus limites originais, fazendo os demais bairros girarem ao redor de si como satélites. Para mim, faz sentido enxergar o Centrão como reunião desses oito bairros-irmãos: afinal, todas as minhas lembranças e aventuras ocorreram e ainda ocorrem nessa região expandida da cidade.

Muita gente nasce no Centro: são cerca de 5.700 partos ao ano, segundo a Prefeitura. O curioso é que, apesar de tantos bebês novos, a população residente está minguando. Na década de 1990, caiu à taxa de cerca de 2%, um problema que parece tocar mais gravemente localidades como a Sé. Desse jeito, o que vai ser do meu velho Centro daqui a alguns anos? Bem, os projetos de revitalização da região incluem atrair novos moradores, e bairros como Cambuci e até República já vivem uma onda de migração positiva. É gente recuperando antigos apartamentos e o antigo charme da região. No caso do Cambuci, a novidade são os espigões residenciais que brotam diariamente no lugar das casinhas operárias e recebem milhares de pessoas. A ver.

De qualquer maneira, a vida continua pujante no Centro. Há mais gente trabalhando do que vivendo ali. Quase 500 mil pessoas chegam lá todos os dias para ganhar o suado dinheirinho, sempre segundo dados oficiais. Três quartos dessa multidão trabalhadora atuam no setor de serviços, mas há também espaço para o comércio, a construção civil, a indústria e até para uma improvável atividade extrativa/agropecuária. São quase 30 mil estabelecimentos, a maioria de pequeno porte, que abrigam até quatro funcionários e ajudam a fazer girar a roda da economia.

A renda dos chefes de família que vivem no Centro é maior do que a média do município: ultrapassa um pouco os dois mil reais mensais. Diferentemente da média nacional, esses chefes até que foram longe nos estudos. Quase metade deles frequentou a escola por onze ou até quinze anos. O analfabetismo de 2% é menor do que a média da cidade. Para ser mais preciso, é a metade da média paulistana. Porém, o índice de evasão das escolas municipais neste início de século é quase quatro vezes maior do que a medida pelo restante da cidade. Eis uma boa questão para nos preocuparmos. Diariamente, são servidas cerca de 37 mil merendas, computando-se somente os biscoitinhos das escolas municipais.

Morre-se mais do coração do que de assassinatos na região central. As principais causas, em ordem decrescente, são: isquemia/coração, pneumonia, doenças cerebrovasculares, bronquite/enfisema/asma e só então homicídios. Ao contrário do que muita gente pensa, o Centro não é um lugar especialmente violento. Há 22 hospitais na região, mas apenas 4 são públicos. São quase 6.200 leitos – porém apenas 760 em unidades públicas.

Há cerca de 148 mil domicílios no Centrão. Em média 2,53 pessoas moram em cada um deles. A taxa da cidade é 3,43 pessoas por domicílio. Pouco mais da metade dos residentes vive em imóveis alugados – o dobro da média municipal. Enquanto metade da população da cidade não tem carro, esse número sobe para 65% entre os moradores do Centro. Nos quesitos rede de água encanada, sistema de esgoto e coleta de lixo, o Centro é quase perfeito: os índices se aproximam muito dos 100%. Já a média da cidade fica entre 87% e 99% nesses itens, certamente puxados para baixo devido às condições precárias dos bairros da periferia. A Prefeitura de São Paulo utiliza quinhentos garis, divididos em três turnos, para realizar a limpeza das principais regiões do Centro e arredores. A região central é iluminada por quase 15 mil pontos de luz. Já há duas favelas no Centro, onde vivem cerca de 2.700 pessoas. O mais impressionante é que a taxa de "favelização" dá saltos de mais de 7% ao ano, contra quase 3% da média municipal.

Mover-se para o Centro ou dentro do seu perímetro é uma grande moleza – abstraindo-se, é claro, os atrasos dos ônibus, as filas, os congestionamentos... Pensando bem, não é moleza alguma. De qualquer forma, o equipamento disponível para a locomoção impressiona. São quatro terminais, dois corredores e 250 linhas de ônibus, além de treze estações de metrô. Neste exato momento, esses números devem estar sendo sepultados pela construção de um novo corredor, um túnel de metrô mais profundo ou um novo itinerário de ônibus. Quase 80% da população que viaja para a região usa transporte coletivo – metrô, ônibus, lotações ou minivans, nova mania nacional.

# Concreto amado

O Viaduto do Chá se estende por 240 metros, "sobrevoando" o Vale do Anhangabaú. O Edifício Martinelli tem 25 andares, cem metros de altura e foi o prédio mais alto da cidade durante dez anos. O edifício-sede do Banespa, hoje Santander, o substituiu: tem 35 andares e 161 metros. Em seu hall de entrada está dependurado um "modesto" lustre de 13 metros de altura, 150 lâmpadas, 10 mil acessórios de cristal e 1.500 quilos. Atualmente, o gigantinho da cidade é mesmo o Edifício Itália, que acabou conhecido pelo nome do seu "telhado" charmoso: Terraço Itália. Ele tem 44 andares e 150 metros de altura. Ao lado dele está o Copan, com 115 metros de altura, 120 mil metros de área construída e a maior estrutura em concreto armado do país, com até 400 quilos a cada metro cúbico. Só o cimento usado nas *brise-soleil* (espécie de marquise que apara os raios solares e garante à fachada da construção seu aspecto de onda) seria suficiente para levantar um prédio de dez andares. Seus 1.160 apartamentos abrigam 5 mil moradores e têm entre 26 e 350 metros quadrados. No térreo e no mezanino, espalham-se setenta lojas. O edifício da Light, hoje Shopping Light, tem seis pavimentos, cem lojas e mais de 17 mil metros quadrados. A visitação diária chega a 35 mil pessoas e sua praça de alimentação tem capacidade para oitocentos esfomeados visitantes sentados.

Filho mal-amado da cidade, o Minhocão, nome mais popular do Elevado Presidente Costa e Silva, alonga-se por 3,4 quilômetros, ligando as zonas Leste e Oeste. Em alguns trechos passa a 5 metros das janelas dos apartamentos, provocando um zumbido que atinge até 92 decibéis – o motor de um caminhão chega a 90 decibéis e uma casa noturna faz 95 decibéis. O *rush* matutino ocorre entre oito e nove, quando passam, em média, 3.900 veículos; o noturno acontece entre cinco e meia e seis e meia, quando circulam cerca de 6 mil veículos nos dois sentidos.

Heródoto em foto tirada na Rua da Glória, na Liberdade, em 1970.

# A casa de Paulo, a casa de Mário

Os idealizadores da Catedral de São Paulo queriam mesmo tocar o céu. Suas duas torres laterais, ponto mais alto da construção, alcançam 97 metros. A igreja tem 111 metros de comprimento e 46 metros de largura. Possui cinco naves e pode abrigar 8 mil fiéis. Seu órgão tem 10 mil tubos e é o maior da América do Sul. Cerca de setenta artistas, incluindo estrangeiros, participaram da ornamentação da Sé, que resultou em 112 estátuas e 30 vitrais. As portas de madeira da entrada principal pesam 3 toneladas. Foram usadas 154 toneladas de mármore branco, 9,6 toneladas de mármore verde, 74,5 toneladas de mármore amarelo, 166 toneladas de mármore vermelho, 3 toneladas de ônix e 15 toneladas de bronze, entre outros metais e pedras.

O acervo da Biblioteca Municipal Mário de Andrade tem cerca de 350 mil volumes e 11 mil títulos de periódicos.

Heródoto na época em que era locutor da Rádio Excelsior.

# Relação de especialistas

Outra característica que garante vitalidade ao Centro de São Paulo são suas ruas comerciais especializadas. Isso mesmo. Como os médicos, que se tornam peritos em coração (cardiologista), olhos (oftalmologista), cérebro (neurologista) etc., muitas ruas comerciais do Centrão se configuraram de tal maneira que, a exemplo dos doutores, resolvem o problema de toda a gente – ou ao menos prometem fazê-lo.

Por onde começar? Bem, depende do gosto do freguês.

Partindo de um dos vértices do Triângulo, a Igreja de São Bento, alcançamos a Rua Florêncio de Abreu, um território tipicamente masculino. Não, não é proibida a entrada das mulheres, mas o assunto ali interessa muito mais aos homens. Afinal, na rua concentram-se mais de cinquenta lojas de ferramentas e máquinas. É o paraíso para aqueles que gostam de arrumar tudo em casa – ou ao menos tentam. Um contraponto feminino à Florêncio? A Rua São Caetano, já em direção à Zona Norte, o paraíso das noivas, madrinhas e acompanhantes. São cerca de cem lojas de vestidos e apetrechos para quem vai subir ao altar. As lojas são coladinhas, porta a porta, oferecendo todos os preços para todos os gostos – são milhares de modelos. Deve ser mais fácil escolher o noivo do que o vestido.

Outro ponto para os machões é a Rua do Gasômetro, do outro lado do Rio Tamanduateí, que reúne oitenta lojas de maquinário pesado e madeireiras. Atravessando o Viaduto Santa Ifigênia, a rua de mesmo nome também é mais masculina. São trezentos pontos com tudo o que é ligado a eletrônica e computação – componentes microprocessados, computadores de última geração, equipamentos sonoros etc. A Santa Ifigênia desperta aquele lado engenheiro do freguês.

Em direção ao Vale do Anhangabaú, a Rua do Seminário é um foco de resistência no Centrão: tem oito pontos "guerrilheiros" que comercializam chapéus de alta qualidade. Bem pertinho dali fica a Conselheiro Crispiniano, com mais de uma dezena de pontos que têm tudo para a fotografia – isso inclui acessórios para a velha fotografia de filme negativo e equipamentos para sua moderna versão digital. Avançando em direção à Zona Oeste, temos outro território masculino: o complexo das avenidas Barão de Limeira e Duque de Caxias, um verdadeiro shopping automotivo a céu aberto, com cerca de 150 lojas. A Rua dos Gusmões, paralela à Barão de Limeira, ficou com as peças e os acessórios para motos: são mais de trinta pontos.

A Rua General Osório, ali pertinho, abriga as lojas de instrumentos musicais (ao menos seis pontos); já a Avenida Tiradentes se especializou em uniformes (mais de uma dezena de lojas), enquanto a Rua Tabatinguera exibe orgulhosa seu comércio especializado em embalagens plásticas e similares (perto de uma dezena). A Rua Silveira traz uma dezena de estabelecimentos que entendem tudo de perfumaria e essências; a Rua Barão de Paranapiacaba tem mais de uma centena de interessados em compra e venda de joias; a Paulo Afonso tem a mesma quantidade de pontos, mas dedica-se ao comércio de produtos nordestinos, e a Paula Souza cuida de artigos para cozinha – residencial ou comercial. O entorno da José Paulino, no Bom Retiro, com seiscentos pontos dedicados a roupas, é uma espécie de operação de guerra – com organização e estrutura especiais. Finalmente, subindo o espigão rumo à Paulista, a Rua da Consolação coleciona mais de trinta lojas especializadas em iluminação.

Há ainda os centros verticais. Se seu negócio é rock'n'roll, a Galeria do Rock é o lugar ideal, com nada mais nada menos do que 190 estabelecimentos do barulho. Tem lojas de camisetas, CDs, velhos LPs e também estúdios para a colocação de piercings e tatuagens. É possível entrar lá com uma aparência e sair com outra. Por falar em metamorfoses ambulantes, na Galeria costumam ficar as sedes de alguns fãs-clubes de velhos roqueiros como Raul Seixas.

Há muitos outros especialistas e especialidades na economia do Centro. Entre colunas de mais de 10 metros de altura e 55 vitrais alemães em estilo gótico, circulam diariamente pelo Mercado Municipal algo em torno de 350 toneladas de alimentos e 10 mil pessoas – aos sábados, os números podem dobrar. São 12.600 metros quadrados de pura tentação.

A Rua 25 de Março concilia o comércio vertical e o horizontal e é a marca da pujança econômica da zona central da cidade hoje, seu lado mais aparente. Englobando ruas ao redor, o movimento da "25", como é carinhosamente chamada, é formado por cerca de 3 mil estabelecimentos comerciais e emprega 40 mil pessoas – é uma cidade por si só. São trezentas empresas com porta para a rua e outras 2.700 penduradas em edifícios. Pode-se achar de tudo lá, ou melhor, quase tudo, do velho ao moderno, do barato ao caro: eletrônicos, material para costura, enfeites natalinos, brinquedos importados, produtos legais, produtos não tão legais... Em um único dia de blitz policial podem-se apreender muitos milhares de CDs e DVDs piratas. Mas há, é claro, um forte negócio legal na região. Por isso, há quem venha de outras cidades, de outros estados e até de outros países da América do Sul para encher o carrinho na 25. Nos dias que antecedem o Natal, até 1 milhão de pessoas passa diariamente por ali.

Com tanta gente, tantas atividades e tão parcos recursos para investimento e manutenção, é quase impossível garantir ao Centro uma boa organização, ou ao menos manter suas ruas limpas, bem cuidadas. Mas é essa mesma agitação, esse caos diário, que prova que este canto especial da cidade e do mundo continua vivo. Talvez esteja mais vivo do que nunca.

Cronologia

Vista parcial da Avenida Paulista.

# Alguns fatos que marcaram quatro séculos e meio de história de São Paulo e do Centro Velho

1530 O rei D. João III envia Martim Afonso de Sousa como comandante da primeira expedição ao Brasil. A expedição chega ao país no ano seguinte.

1532 Depois de explorar a costa brasileira a fim de escolher o melhor local para instalar os primeiros colonos, Martim Afonso funda São Vicente. Em seguida, sobe ao planalto de Piratininga e legitima para João Ramalho (português que já habitava entre os índios, casado com Bartira, filha do cacique Tibiriçá) a posse das terras às margens do Tietê (local onde é hoje o Bom Retiro).

1533 Martim Afonso nomeia João Ramalho guarda-mor da Povoação da Borda do Campo (futura cidade de Santo André).

1549 Chega a Salvador o primeiro governador-geral do Brasil, Tomé de Sousa, acompanhado de alguns colonos e de seis jesuítas, chefiados pelo padre Manoel da Nóbrega.

1553 No local onde já fora erguida – a pedido de Nóbrega e pelos índios de Tibiriçá – a primeira cabana, de pau a pique e coberta de folhas de palmeira, para servir de escola e abrigo aos jesuítas, Manoel da Nóbrega faz os primeiros cinquenta catecúmenos e celebra missa, marcando assim a fundação da aldeia de Piratininga. Chegam à aldeia, vindos da Bahia, muitos padres para ajudar no serviço de catequização, e entre eles o noviço José de Anchieta, então com 19 anos, escolhido por Nóbrega para seu secretário. Leonardo Nunes transporta alguns cristãos de Piratininga para o povoado da Borda do Campo; este, então, é elevado à categoria de vila, tendo na ocasião sido erguido o pelourinho, e passa a denominar-se Vila de Santo André da Borda do Campo, sendo João

Ramalho nomeado seu alcaide. (As Atas da Câmara de São Paulo e outros documentos históricos quinhentistas e seiscentistas usavam diferentes nomenclaturas para a futura Vila de São Paulo, tais como Piratininga, São Paulo do Campo e São Paulo de Piratininga.)

1554 No dia 25 de janeiro, o padre Manuel Paiva celebra missa marcando a fundação do Colégio de São Paulo de Piratininga. Anchieta anota em seu diário: "Nós, os irmãos mandados para esta aldeia no ano do Senhor de 1554, chegamos a 25 de janeiro e celebramos a primeira missa em uma casa pobrezinha e muito pequena no dia da conversão de São Paulo, a quem a dedicamos". Tibiriçá ergue sua aldeia na colina onde hoje se localiza o Mosteiro de São Bento.

1555 No dia 1º de novembro, os jesuítas inauguram o conjunto formado por igreja, colégio, enfermaria, dormitório, refeitório, cozinha e despensa destinado à comunidade que se formava.

1560 Os moradores da Vila da Borda do Campo transferem-se, por ordem do governador-geral, para Piratininga, juntamente com o pelourinho, com o intuito de defendê-la dos ataques indígenas. Piratininga adquire, então, foros de vila e passa a denominar-se Vila de São Paulo de Piratininga. A população estimada era de 120 habitantes, sem incluir os indígenas escravizados.

1562 Ataque dos índios guaianazes quase destrói a Vila de São Paulo, defendida com a ajuda de João Ramalho e de Tibiriçá.

1583 Primeiro crime famoso da cidade: frei Diogo é assassinado nas proximidades do atual bairro da Luz (cujo nome anterior era Guarepe, ou Guaré) por um soldado espanhol.

1594 Concluída a construção da Igreja do Carmo, que serviria de núcleo ao convento. Novo cerco dos índios; a vila só é libertada depois de muitos combates.

1599 Chega a São Paulo o sétimo governador-geral do Brasil, D. Francisco de Sousa, que passa a comandar as primeiras expedições ao sertão.

1600 Fundação do Mosteiro de São Bento.

1604 Nicolau Barreto navega pelos rios Tietê e Paraná.

1634 Encerrada a construção do Mosteiro de São Bento.

1640 Os paulistas expulsam os jesuítas, sob a acusação de que estes defendiam a liberdade dos indígenas.

1651 Fernão Dias Pais é eleito juiz ordinário e presidente da Câmara Municipal de São Paulo; ele amplia o mosteiro dos beneditinos.

1653 Os jesuítas retornam a São Paulo após treze anos de exílio e iniciam a construção do novo conjunto de igreja e colégio.

1673 A partir de Piratininga, Anhanguera chefia uma bandeira pelas terras goianas em busca de ouro e abre caminho para a descoberta das minas de Cuiabá.

1681 Piratininga é elevada à categoria de sede de capitania.

1711 Piratininga é elevada à categoria de cidade e recebe o nome de São Paulo.

1715 A Santa Casa de Misericórdia começa a prestar atendimento à população.

1723  O café chega pela primeira vez ao país, trazido pelas mãos de Melo Palheta.

1745  São Paulo passa a ser sede de diocese.

1750  Começam a chegar os primeiros negros africanos, trazidos do Congo e de Angola para trabalhar na agricultura.

1759  Os jesuítas são expulsos do Brasil.

1765  O colégio dos jesuítas é confiscado e transformado, depois de muitas reformas, em Palácio do Governo.

1784  Iniciado o calçamento das ruas da cidade, no governo do capitão-general Francisco da Cunha Meneses.

1808  Chegam a São Paulo os primeiros imigrantes não ibéricos, um inglês e um sueco. Havia espanhóis na cidade.

1809  Colocação de placas com os nomes das ruas e numeração nas casas.

1815  São Paulo é elevada à capital da Província de São Paulo, quando o Brasil é declarado Reino Unido ao de Portugal e Algarve.

1822  A 7 de setembro, o príncipe-regente D. Pedro proclama, às marges do Rio Ipiranga, a Independência do Brasil, e a cidade de São Paulo é confirmada como capital da Província de São Paulo.

1823  Surge o primeiro jornal da cidade, *O Paulista*, ainda manuscrito.

1825  Inaugurado o Jardim da Luz, com 113.400 m². É o parque público mais antigo da cidade.

1827  É fundada a Faculdade de Direito no Largo de São Francisco, no coração da cidade, cujos cursos começam a funcionar no ano seguinte. Surge o primeiro jornal impresso, o *Farol Paulistano*.

1830  No dia 20 de novembro é assassinado o jornalista Libero Badaró, que dirigia o jornal *Observador Constitucional*, de oposição a D. Pedro I. O crime chocou a cidade.

1835  A cidade ganha seu primeiro prefeito, nomeado pelo presidente da então Província de São Paulo; o prefeito ordena a confecção do primeiro mapa oficial da cidade.

1858  Inaugurado o Cemitério da Consolação, o primeiro da cidade.

1867  Inaugurada a primeira ferrovia paulista, a Estrada de Ferro Santos–Jundiaí; ela transportava o café produzido nas regiões de Jundiaí e Campinas para o porto de Santos.

1872  Inaugurados os serviços de esgoto, abastecimento de água, iluminação a gás e transporte público por meio de bondes de tração animal.

1880  Início da imigração estrangeira em massa; chegam a São Paulo principalmente portugueses, italianos e espanhóis.

1884  Começam a funcionar as primeiras linhas telefônicas.

1887  Com o número crescente de imigrantes, é construída a Hospedaria do Imigrante, no Brás, que podia abrigar até 4 mil pessoas.

1888  Assinada a Abolição da Escravatura pela princesa Isabel. Muitos negros passam a procurar emprego em São Paulo e criam bairros na periferia da cidade.

1891 Inauguração da Avenida Paulista, marco da urbanização local.

1892 Concluído o primeiro Viaduto do Chá, ligando o "Velho" ao "Novo" Centro: eram 180 metros de estrutura metálica, com portões e guaritas de madeira nas extremidades. Chegou-se a cobrar um pedágio de 3 vinténs para a sua utilização.

1895 O prédio do Museu do Ipiranga (Museu Paulista) é aberto à visitação pública.

1896 A igreja do conjunto do colégio dos jesuítas desaba parcialmente. Ela só seria devolvida à Companhia de Jesus para a sua reconstrução no IV Centenário de São Paulo, em 1954.

1897 Há dois italianos para cada brasileiro na cidade.

1899 Criação do Instituto Butantã, com a finalidade de combater doenças epidêmicas.

1900 Inaugurada a iluminação elétrica e o serviço de bondes de tração elétrica.

1901 Inaugurada a Estação Ferroviária da Luz, com projeto arquitetônico inspirado na Abadia de Westminster, de Londres.

1905 Chegam os primeiros sírios e libaneses na cidade; em quarenta anos, São Paulo receberia mais de 50 mil sírios.

1908 Chegam os primeiros japoneses (165 famílias), trazidos pelo navio Kasato Maru.

1911 Inaugurado o Theatro Municipal, obra do arquiteto Ramos de Azevedo.

1913 Inaugurado o Viaduto Santa Ifigênia, feito com estrutura de metal importada da Bélgica.

1914 O início da Primeira Guerra Mundial e o capital acumulado com o comércio do café permitem um surto de industrialização, concentrado em São Paulo.

1917 Uma greve geral paralisa 20 mil operários na cidade.

1920 Começam a chegar os primeiros imigrantes armênios.

1922 Realiza-se a Semana de Arte Moderna no Theatro Municipal, dando novo impulso às artes no país.

1923 Inaugurada a escola judaica Renascença, em Higienópolis, marcando a chegada dos judeus. Até o fim da Segunda Guerra Mundial, mais de 50 mil judeus se estabelecem na cidade.

1924 Revolta dos Tenentistas, liderada pelo general Isidoro Dias Lopes e por Miguel Costa. Após dias de luta, as tropas rebeldes do Exército e da Força Pública dominam a cidade, mas são expulsas pelas forças federais. Os rebeldes se dirigem ao interior paulista e, depois, ao Paraná, onde encontram as tropas rebeldes do Sul e formam a Coluna Prestes–Miguel Costa.

1929 *Crack* da Bolsa de Nova York faz desabar o preço do café. Inaugurado o Edifício Martinelli, no coração do Centro Velho; essa construção foi, durante anos, o símbolo da pujança paulistana.

1930 Estoura a Revolução; as oligarquias paulistanas são afastadas do poder. Em 3 de novembro, Getúlio Vargas assume a Presidência da República.

1931 As fábricas têxteis reduzem suas atividades, em virtude da crise econômica de 1929. Muitas fecham as portas.

1932 No dia 9 de julho, estoura a Revolução Constitucionalista, movimento comandado pela oligarquia paulista, fora do poder desde 1930. Reivindica-se a separação do Estado de São Paulo do restante do país e a convocação de uma Assembleia Nacional Constituinte. Em três meses, as forças da União derrotariam o movimento.

1933 Inaugurado o Mercado Central.

1934 Criação da Universidade de São Paulo, a USP.

1938 Inaugurado o atual Viaduto do Chá, que teve de ser reconstruído para a passagem de bondes elétricos. Prestes Maia assume a Prefeitura de São Paulo e promove grandes transformações urbanísticas.

1940 Grande onda imigratória, devido à Segunda Guerra Mundial. Chegam ao país principalmente japoneses, italianos, judeus e habitantes do Leste Europeu. No fim da década, a população da cidade chega a impressionantes 1.326.261 habitantes.

1947 Por iniciativa do jornalista Assis Chateaubriand, é criado o Museu de Arte de São Paulo, o Masp, mais importante acervo do Brasil.

1948 O italiano Franco Zampari inaugura o Teatro Brasileiro de Comédia (TBC), dando um novo impulso ao teatro nacional.

1950 A primeira transmissão de TV realizada no Brasil é feita em São Paulo, pela TV Tupi. Intensifica-se a migração de populações do interior do estado em direção à capital, e tem início a migração de nordestinos.

1951 I Bienal Internacional de Artes Plásticas de São Paulo, mais importante evento de artes no país.

1953 Inaugurado o conjunto escultural Monumento às Bandeiras, de Victor Brecheret, homenagem à bravura paulista e marco da paisagem local.

1954 IV Centenário da cidade, com inauguração do Parque do Ibirapuera e da Catedral da Sé.

1960 Intensificação da migração de populações do Nordeste brasileiro para a capital paulista.

1970 Começam a chegar latino-americanos, principalmente chilenos e argentinos, refugiados dos regimes militares.

1974 Inaugurado o primeiro trecho da linha Norte–Sul do metrô, fundamental para o transporte em massa da população.

1979 O edifício do colégio dos jesuítas é reconstruído.

1980 Sul-coreanos começam a chegar em grande número.

1983 Acontece na cidade a primeira manifestação em favor das eleições diretas para a Presidência da República, marco da redemocratização do país.

1988 Pela primeira vez em sua história, São Paulo elege uma mulher como prefeita: Luiza Erundina.

2000 A população estimada da cidade é de 10.406.166 habitantes.

Este livro foi composto em Rotis Serif, corpo 11/13,2,
e impresso em papel Couché 115g/m² na gráfica Prol
para a Boitempo Editorial, em dezembro de 2009,
com tiragem de 2 mil exemplares.